AF282330

Kurt Tepperwein

Wecken Sie das Genie, das in Ihnen schlummert

Kurt Tepperwein

Wecken Sie das Genie, das in Ihnen schlummert

© 2006 by mvgVerlag, ein Imprint der Münchner Verlagsgruppe GmbH

**2024 © by Kurt Tepperwein
www.iadw.com**

ISBN: 978-3-7583-1015-7

Die Deutsche Nationalbibliothek verzeichnet diese Publikation
in der Deutschen Nationalbibliografie; detaillierte bibliografische Daten
sind im Internet über www.dnb.de abrufbar.

Umschlaggestaltung: www.layART.li
Cover-Illustrationen: depositphotos
Herstellung und Verlag: BoD – Books on Demand, Norderstedt
Made in Germany

Internationale Akademie der Wissenschaften (IAW) Anstalt, FL-9490 Vaduz
Tel. +423/233 12 12

Inhaltsverzeichnis

Vorwort

Einmal blieb ein großer Lkw in einer Bahnunterführung stecken. Der Laster war etwas zu hoch und es ging nichts mehr vor und zurück.

Ein Stau bildete sich. Die Polizei rückte an, aber die Polizisten kamen nicht weiter. Eilig riefen sie Ingenieure herbei. Diese brachten Computer und viele technische Gerätschaften mit, zerbrachen sich den Kopf – aber das komplizierte Problem blieb bestehen: Der Laster ließ sich einfach nicht aus der Unterführung manövrieren. Es war wie verhext. Da kam ein kleiner Junge, vielleicht sieben Jahre alt, und sprach einen der schlauen Ingenieure direkt an: „Geht der Laster da nicht raus?" – „Nein, das siehst du doch!", antwortete der Ingenieur etwas genervt. „Ich habe eine Idee!", sagte der Junge. „Warum lassen Sie denn nicht einfach die Luft aus den Reifen?"

Das war die Lösung! Ein wirklich kreatives kleines Genie, dieser Junge!

Im Prinzip steckt in jedem ein Genie. Aber nicht jeder kann sein kreatives Potenzial wirklich sinnvoll nutzen. Oft schwirren sie herum, die guten Ideen, werden aber nicht fokussiert und umgesetzt, bleiben letztlich ungenutzt.

Kreativität ist die Fähigkeit, eigene Grenzen und Gewohnheiten zu verlassen, innovativ zu sein und die inneren geistigen Quellen anzuzapfen. Denken gegen die Regeln, den Gedanken Freiraum lassen – das ist

Genialität. Die vorhandenen Informationen müssen oft nur neu vernetzt werden. Nur ein neuer Ansatz, eine neue Perspektive führt zu neuen Einsichten. Jeder Gedanke kann neue Assoziationen kreieren. Neues kommt niemals aus dem Nichts. Genialität beginnt mit einem kreativen Chaos, aber auch das braucht Struktur: erst sammeln, dann sichten.

Verlassen Sie die festgefahrenen alten Denkbahnen. Wagen Sie neue Wege. Der Genius in uns kann sich am besten entfalten, wenn wir uns für neue Situationen öffnen, wenn wir neuen Raum schaffen, wenn wir selbst gesetzte Einschränkungen überwinden und uns aus dem Gefängnis der Gewohnheiten befreien.

Der Grundzustand unseres Geistes sollte dabei ruhig und gelassen sein, wir sollten uns eine Zeit lang auf uns selbst besinnen und dann einfach geschehen lassen, zulassen und vor allem loslassen. Das sind unverzichtbare Voraussetzungen für frisches Denken und neue Perspektiven – und für geniale Einfälle.

Die 13 Tugenden des Genius, des Kreativen, werden – so unterschiedliche Qualitäten sie auch besitzen – alle aus dem *Selbst*, der Quelle der Genialität, gespeist.

Sind Sie bereit, Ihren inneren Genius zu wecken und für ein erfolgreiches und glückliches Leben zu entfalten?

Ich wünsche es Ihnen sehr!

Ihr

Kurt Tepperwein

KAPITEL 1

DER WEG ZUM GENIE

Wir stehen heute an der Schwelle einer neuen Epoche in der Entwicklung der Menschheit, dem Eintritt in ein höheres Bewusstsein, mit dem wir unser geistiges Erbe in Besitz nehmen. In jedem von uns schlummern Kräfte und Fähigkeiten, von denen die meisten nicht einmal zu träumen wagen. Das Genie in uns ist bereit hervorzutreten und wartet darauf, dass wir zu uns selbst finden, denn der menschliche Geist ist erst zu einem geringen Teil entfaltet.

Doch obwohl wir bisher nur einen geringen Teil unseres geistigen Potenzials nutzen, haben wir Großartiges geleistet. Das lässt uns ahnen, was auf uns wartet, wenn wir uns mehr und mehr entfalten, zu uns selbst finden und unser latentes geistiges Potenzial aktivieren. Wir sind weit davon entfernt, den Höhepunkt unserer Entwicklung erreicht zu haben. Genau genommen stehen wir noch ganz am Anfang.

Auf dem Weg dahin werden wir erkennen, dass das Genie der normale Mensch ist und dass auch alle anderen noch auf dem Weg zu sich selbst sind.

Man kann aber ein Ziel nur erreichen, indem man sich auf den Weg macht. Und Sie werden in diesem ersten Kapitel den ersten Schritt tun. Er führt von außen nach innen. Nur indem wir den Weg nach innen gehen, können wir dem Höchsten begegnen.

Der Weg zum Genie ist eine Entdeckungsreise zu der inneren Schatzkammer unseres latenten geistigen Potenzials. Dabei werden wir erkennen: Je mehr wir von uns selbst in Besitz nehmen, desto mehr Möglichkeiten eröffnen sich uns. Denn in jedem scheinbar noch so unvollkommenen Menschen steckt der Keim des vollkommenen Menschen, zu dem wir bestimmt sind.

Ungeahnte Möglichkeiten haben wir noch nicht genutzt, weil wir sie noch gar nicht entdeckt haben. Wir alle leben ein Leben, das weit unter dem Niveau des tatsächlich Möglichen liegt.

Wir wenden Milliardenbeträge auf, um die Kapazität unserer Computer zu steigern, während unsere eigene Kapazität weder qualitativ noch quantitativ ausgeschöpft ist. Das Ausmaß unserer latenten Talente ist weitaus größer, als man bisher ahnte. Und doch bleiben die Entdeckung und Nutzung dieser Möglichkeiten jedem Einzelnen selbst überlassen. Es wird Zeit, dass wir unseren Seinsauftrag erfüllen. „Ihr sollt vollkommen sein, wie der Vater im Himmel vollkommen ist", so steht es in der Bibel.

Die „neuen" Menschen sind unter uns – Menschen, in denen das höhere Bewusstsein erwachte, deren Genius sich regte, gibt es auf unserem Planeten seit Jahrtausenden. Zu den Herausragendsten zählen die genialen Geister aller Epochen: allen voran die heiligen Menschheitslehrer mit dem erwachten kosmischen Bewusstsein wie Krishna, Lao-Tse und Buddha, Christus, Paulus, Plotin und Augustinus, Meister Eckhart, Tauler, Böhme, Emersen, Ramakrishna und die Erleuchteten von heute.

Wo und in wem auch immer der neue Mensch erwacht, der erkennt, dass in dieser Lebensschule Irrtümer, Fehler und Leiden für unsere Weiterentwicklung genauso notwendig und gut sind wie Erfolge und Fortschritte; dass die Führung von innen und Fügung von oben darüber wacht und dafür sorgt, dass alles, was geschieht und was von Menschen getan wird, sich sinnerfüllend in einen kosmischen Gesamtplan einfügt, dessen Weisheit wir nur vage erahnen.

Ein weiteres Merkmal des neuen Menschen ist seine besondere Befähigung, auch anderen dabei zu helfen, sich über sich selbst klar zu werden, sich selbst zu helfen und ihren eigenen Weg stufenweiser Bewusstseinsweitung und Selbstverwirklichung zu gehen. Als Folge der dynamischen Strahlkraft seines Wesens und seiner Gedanken besitzt er ein Überzeugungsvermögen, das in dem von ihm Angesprochenen oft spontan eigene Intuitionen auslöst. Er wirkt so als Lichtträger und Katalysator, der dem schlummernden Genius in anderen zum Erwachen verhilft.

Ein drittes Kennzeichen ist seine umfassende Weltsicht, die zu jener neuen Lebensordnung führt, die als Leben aus dem Geiste empfunden wird: Wesen und Dinge, Geschehnisse und Zusammenhänge werden transparent. Das Wesentliche tritt nach vorn, das äußere Beiwerk zurück. Frucht dieser neuen Weltsicht ist die Versöhnung der Gegensätze: These und Antithese werden in der höheren Synthese aufgehoben. Die Materie enthüllt sich als Erscheinungsform und Wirkstätte des Geistes. Die Grenzen von Raum und Zeit weiten sich, sodass der neue Mensch in seinem Denken, Wollen und Wirken zu einem Teil schon in der Zukunft lebt, der er innerlich angehört. Für ihn wird Zukunft Gegenwart, während die Gegenwart des „alten" Menschen für ihn bereits Vergangenheit ist.

Als Viertes zeichnet den neuen Menschen seine Menschlichkeit aus: Er weiß um das allen Gemeinsame, den schöpferischen Geist, der in allen Lebensformen wirkt. Sein Lichtträgertum lässt ihn, als Hüter des Grals, Brücken schlagen von Wesen zu Wesen, von Geist zu Geist. Es lässt ihn den lebensfeindlichen Tendenzen, die im alten Menschen noch aktiv sind, entgegenwirken und alle lebensfördernden Kräfte in den Dienst der Weiterentwicklung der Menschheit stellen.

KAPITEL 2

DIE 1. TUGEND DES GENIUS: SELBST-BEWUSST-SEIN

Es gibt nur ein einziges Bewusstseinsprinzip, das das gesamte Universum durchdringt, allen Raum einnimmt und im Wesentlichen an jedem Ort seiner Präsenz auch bei sich selbst bleibt. Es ist allmächtig, allwissend und allgegenwärtig. Alle Gedanken und Dinge sind in ihm. Es ist alles in allem. Es gibt im Universum nur ein einziges Bewusstsein, das denken kann, und wenn es denkt, nehmen seine Gedanken Gestalt an.

Da dieses Bewusstsein allgegenwärtig ist, muss es auch in jedem Einzelnen gegenwärtig sein. Jeder Einzelne muss eine Manifestation dieses allmächtigen, allwissenden und allgegenwärtigen Bewusstseins sein.

Da es nur *ein* Bewusstsein im Universum gibt, das zu denken imstande ist, folgt daraus notwendigerweise: Ihr Bewusstsein ist identisch mit dem universalen Bewusstsein. Oder mit anderen Worten: Alles Bewusstsein ruht in einem Bewusstsein. Um diese Schlussfolgerung kommen wir nicht herum.

Das in Ihren Gehirnzellen konzentrierte Bewusstsein ist dasselbe Bewusstsein, das sich im Gehirn des universalen oder kosmischen Bewusstseins konzentriert. Das universale Bewusstsein ist statische oder potenzielle Energie. Es ist einfach. Es kann sich nur durch das Individuum und das Individuum kann sich nur durch das Universale verkörpern. Sie sind eins. Die Denkfähigkeit des Individuums ist seine Fähigkeit, auf das Universale einzuwirken und es ins Dasein zu rufen.

Da die Summe aller Merkmale im universalen Bewusstsein enthalten ist, das allmächtig, allwissend und allgegenwärtig ist, müssen diese Merkmale in jedem Individuum zu jeder Zeit in ihrer potenziellen Form gegenwärtig sein. Wenn der Einzelne denkt, ist der Gedanke von Natur aus also gezwungen, sich in einer Situation zu verkörpern, die seinem Ursprung entspricht. Jeder Gedanke ist daher eine Ursache und jede Situation eine Wirkung. Aus diesem Grund ist es absolut notwendig, dass man Herr seiner Gedanken ist, um nur wünschenswerte Umstände hervorzurufen.

Inmitten aller Geheimnisse, von denen wir umgeben sind, ist nichts sicherer als die Tatsache, dass wir immer in der Gegenwart einer unendlichen und ewigen Energie sind, von der alles ausgeht.

Die größte und wunderbarste Kraft, die diesem Ich gegeben wurde, ist das Denkvermögen, aber nur wenige Leute wissen, wie man konstruktiv oder in richtiger Weise denkt, und folglich erzielen sie nur mittelmäßige Resultate.

Bewusstes Denken ist demnach der Meister über dieses Sonnenzentrum, aus dem das Leben und die Energie des ganzen Körpers fließen. Die Qualität der Gedanken, die wir denken, bestimmt die Qualität der Gedanken, die diese Sonne ausstrahlen wird. Die Art der Gedanken, die unser bewusster Verstand denkt, bestimmt die Natur der Gedanken, die diese Sonne ausstrahlt, und folglich die Natur der Erfahrungen, die daraus resultieren.

Da der kosmische Geist sich selbst Gesetz ist, besitzt er die Macht, zurückzuschicken, was immer der Absender an die heilige Essenz des Lebens ausgesendet hat. Somit arbeitet der Geist Gottes in den niederen Welten auf zweifache Weise. Er kann dem Absender zum Fluch werden und sich für ihn zum Segen auswirken. Es hängt von der Kommunikation ab, die der Aussendende mit einem Menschen wie dem äußeren Meister, der von Gotteserkenntnis aus arbeitet, herstellen möchte.

Dennoch ist es ein gewaltiger Unterschied, ob wir einfach nur denken oder ob wir unser Denken bewusst, systematisch und konstruktiv lenken. Wenn wir

Letzteres tun, harmonisieren wir unser Bewusstsein mit dem universalen Bewusstsein und stimmen uns auf das Unendliche ein. Und wir lassen die mächtigste Kraft, die es gibt, zur Wirkung kommen: die kreative Kraft des universalen Bewusstseins. Es wird wie alles andere durch das natürliche Gesetz der Anziehung beherrscht, das besagt, dass das Bewusstsein kreativ ist und sich automatisch mit seinem Objekt in Beziehung setzen und es erschaffen wird.

Es ist für mich immer wieder überraschend, mit wie vielen interessanten Dingen sich die Menschen beschäftigen und wie wenig mit dem Interessantesten: *mit sich selbst!* Wie wenig sie von den unbeschränkten Möglichkeiten des menschlichen Geistes und dem Wesen, das sie sind, wissen.

Hier wartet die größte Entdeckung auf Sie, die man in seinem Leben machen kann: sich selbst zu entdecken! Es geht darum, zu lernen, die unwiderstehliche Macht des Denkens verantwortungsbewusst zu nutzen. Es geht darum, zu lernen, das Richtige zu tun, das Notwendige nicht zu unterlassen und das Falsche nicht zuzulassen. Lernen kann ich alles auf dem königlichen Weg der Erkenntnis oder auf dem üblichen Weg des Leidens. Diese Kräfte stehen jedem Menschen zur Verfügung und es liegt in ihrer Hand, sie in Besitz zu nehmen und sinnvoll einzusetzen.

Sie sind völlig ungefährlich – ausgenommen die Tatsache, dass das, was sie verursachen, auch eintritt. Prüfen Sie daher vorher gründlich, ob Sie das, was Sie sich wünschen, auch wirklich haben wollen. Der Mensch hat gelernt, alles zu beherrschen: Elektrizität, Maschinen, Computer – das Größte wie das Kleinste, nur das Nächste nicht: sich selbst!

Übungen für mehr Selbst-bewusst-SEIN

Um zum Selbst-bewusst-SEIN zu finden, müssen wir zum Wissen hinter dem Wissen kommen. Um die Wirklichkeit erkennen zu können, muss ich zuvor jede Vorstellung davon auflösen, um „ledigen Gemüts" zu sein, wie Meister Eckhart es ausdrückte. Denn Wirklichkeit kann mit dem Denken nicht erfasst werden. Versuchen wir über die Wirklichkeit nachzudenken, stehen wir am Schluss mit leeren Händen da.

1. Hilfreich ist, gleichzeitig zu sehen und zu hören und nach innen zu lauschen. Nicht die Information ist das Wichtige, sondern das innere Geschehen. Hilfreich ist weiter, in eine konzentrative Entspannung zu gelangen. So werden Sie die Wirklichkeit gewahr und Sie erinnern sich an die Wirklichkeit in Ihnen.
   Führen Sie eine Tätigkeit ganz bewusst aus, indem Sie gleichzeitig bewusst sehen und hören und nach innen lauschen und fühlen.
   Der Zustand des ständigen Lauschens ist der erste Schritt auf dem Weg zu sich selbst. Nach innen lauschen, wahrnehmen und in der eigenen Wirk-

lichkeit leben – das macht glücklich. So wird Ihr Leben zu einem wirklichen Einweihungsweg.

2. Suchen Sie die Stille, entspannen Sie sich und fühlen Sie Ihr Inneres. Bitten Sie Ihr Selbst, Ihnen die Botschaft einer schwierigeren Situation Ihres Lebens zu entschlüsseln. Es ist leicht, rein oberflächlich zu sagen: „Alles ist gut." Aber wirklich dahinter zu schauen und zu erkennen, warum es gut ist, wohin es mich führen will, was es für mich bewirken kann, das ist die Kunst, die Sie bei dieser Übung erlernen können.

KAPITEL 3

DIE 2. TUGEND DES GENIUS: BEGEISTERUNG

Begeisterung ist wie ein loderndes Feuer in uns. Wenn wir begeistert sind, können wir alles schaffen. Begeisterung unterscheidet Verlierer und Gewinner voneinander. Wer begeistert ist, entwickelt enorme Kräfte und motiviert andere. Begeisterung bedeutet, tiefe Freude für das zu empfinden, was man tut, und gleichzeitig ein hohes Ziel zu verfolgen und zu erreichen. Begeisterung ist die positive Kraft der Zuversicht.

Wenn Sie Ihr Ziel mit Begeisterung verfolgen, dann verändern sich Energiefeld und Schwingungsfrequenz. Wenn die höchste Schwingung erreicht ist, hat das kreative Schaffen eine enorme Intensität und Energie.

Sie fühlen sich wie ein Pfeil, der genau ins Ziel trifft und dabei den Flug genießt.

Wer wirklich in seinem tiefsten Inneren begeistert ist, muss sich nicht abmühen oder „hart arbeiten", um sein Ziel zu erreichen. Stress vermindert immer Qualität und Effektivität der Tätigkeit.

Im Gegensatz zu Stress hat Begeisterung eine hohe Energiefrequenz und schwingt mit der kosmischen Kraft des Universums. Ohne Begeisterung kann nie etwas wirklich Großes erreicht werden.

Das Wort „Enthusiasmus" kommt aus dem Griechischen und bedeutet „Gottesbegeisterung". Wer bei etwas enthusiastisch ist, merkt, dass er es nicht allein tun muss. Im Grunde kann man gar nichts wirklich allein tun. Echte Begeisterung ist wie eine Welle, auf der Sie reiten. Begeisterung kommt nie von außen, sondern immer aus dem Inneren. Sie können sie nur in sich selbst finden.

Begeisterung verleiht allem, was Sie machen, eine enorme Kraft, sodass andere über die Außergewöhnlichkeit des Erreichten staunen. Doch fälschlicherweise werden die Ergebnisse oft allein demjenigen zugeschrieben, der sie erreicht hat. Aber bereits Jesus sagte: „Ich kann nichts von mir aus tun."

Anders als angestrengtes Arbeiten, das oft zu einem Gegeneinander führt, ist begeistertes Tun im Fluss und in Harmonie mit dem Ganzen. Begeistertes Tun erzeugt keine Gewinner oder Verlierer, da die anderen nicht ausgeschlossen, sondern mit einbezogen werden.

Wenn das Tun aus dem Sein geschieht, dann muss nicht manipuliert werden, weil wirkliche Begeisterung nicht den anderen braucht, sondern sich aus der Fülle der ewigen Quelle speist. Wenn wir aus dem Zustand des Seins heraus begeistert sind, dann führen mögliche Hindernisse oft zu einer noch besseren Lösung, da die scheinbar negative Energie positiv genutzt und transformiert wird. Wirkliche Begeisterung kennt das Ziel, lebt aber aus dem gegenwärtigen Augenblick und ist damit voll ursprünglicher Freude, Lebendigkeit und Kraft.

Diese Art von Begeisterung ist mit der Quelle des Lebens vereint und ist damit unerschöpflich, ohne sich im Handeln zu verlieren und dabei Schwungkraft zu verlieren. Immer bleibt beim äußeren Handeln ein Raum innerer Stille und Kraft erhalten, dem alles entspringt und der doch gleichzeitig nicht berührt wird. Begeisterung ist wie ein inneres Lied, das den ganzen Tag nachklingt.

Was bringt Begeisterung in Ihr Leben? Sind Sie sich der Dinge bewusst, die Sie begeistern, die Sie glücklich machen?

Wir verbringen oft viel Zeit mit Aktivitäten, die nicht von unserem inneren Sein, sondern von unserer Persönlichkeit bestimmt werden. Die Persönlichkeit lässt sich oft durch die Sinne ablenken, die ständig die Aufmerksamkeit gefangen halten. Auf diese Weise werden Sie von den Botschaften aus Ihrem inneren Sein abgelenkt. Wirkliche Begeisterung entsteht, wenn

Sie der inneren Führung entsprechend handeln und erkennen, wer Sie wirklich sind.

Die große Herausforderung besteht darin, sich nicht von dem ablenken zu lassen, was noch vor Ihnen liegt oder was an Ihnen zerrt, sondern Ihre Mitte zu finden, in die Stille zu gehen und sich mit Ihrem Sein und damit mit allem zu verbinden, das mit Ihrem inneren Wesen in Einklang steht. Haben Sie die Tendenz, dass Sie Ihr Leben von dem bestimmen lassen, was von außen an Sie herangetragen wird, was an Ihnen zerrt, ohne zu den Dingen zu kommen, die Sie begeistern?

Dann verbinden Sie sich mit Ihrem Sein und erleben Sie die innere Freiheit, Schöpfer Ihres Lebens zu werden. Die Herausforderung auf dem Weg zur Freiheit besteht darin, sich Freiheit zu verschaffen.

Jeder ist frei, wenn er sich Freiheit innerlich zugesteht. Wenn Sie sich ein großes Betätigungsfeld geschaffen und Ihr Leben von bestimmten Erfolgen abhängig gemacht haben, dann haben Sie den Zugang zu echter Begeisterung verschlossen. Sie verfangen sich dann nur noch in äußeren Formen des Erfolgs und erliegen den Strukturen Ihrer eigenen Schöpfungen. Wenn Sie sich auf die äußeren Notwendigkeiten und Bedürfnisse Ihrer Persönlichkeit beschränkt haben, dann sind Sie von Ihrer Arbeit, Ihren Beziehungen nicht mehr begeistert.

Sie können dann einmal nach innen blicken, sich mit Ihrer Essenz verbinden und sich fragen, warum Sie etwas aufrechterhalten wollen, das Sie nicht mehr begeistert.

Der wahre Grund dafür ist oft die Überzeugung, das nicht zu verdienen, was einen wirklich begeistert, was man sich wirklich wünscht. Sie besitzen eine innere Vorstellungskraft: Wenn Sie diese mit falschen Überzeugungen und negativen inneren Selbstgesprächen aktivieren, dann wird sie zur Hauptursache für ein Leben im Leid, für ein langweiliges und uninspiriertes Leben.

Zum Weg der Begeisterung gehört auch Dankbarkeit. Es gibt so viel Wertvolles, für das man dankbar sein kann. Um das Gefühl der Begeisterung im Leben zu steigern, sollten Sie das wertschätzen, was Sie bereits haben. Freuen Sie sich auch an den einfachsten Dingen, den Blumen, an denen Sie vorbeigehen, am rührenden Lächeln eines Kindes, und Sie werden merken, dass Ihre Begeisterung für das Leben sich in Ihrem Inneren entwickelt.

Übungen für mehr Begeisterung

1. Vielleicht stellen Sie sich die Frage, was Sie in Ihrem Leben machen können, das Sie begeistert. Auch Sie tun bestimmte Dinge sehr gern und genau durch die Dinge, die Sie gern tun, erfahren Sie immer mehr die Qualität von Begeisterung.

Konzentrieren Sie sich einen Augenblick und fragen Sie sich, was Sie bereits morgen unternehmen können, um mehr Begeisterung in Ihr Leben zu bringen. Die einzigen Grenzen sind diejenigen, die Sie sich selbst setzen. Erinnern Sie sich an Ihre Freiheit, bewahren Sie sich Ihre höhere Vision und leben Sie das glücklichste Leben, das Sie sich überhaupt vorstellen können.

2. Notieren Sie mindestens drei Dinge, die Sie gern tun, Dinge, die Sie begeistern, für die Sie sich aber in den letzten Monaten keine Zeit mehr genommen haben.

3. Zu den oben genannten Dingen schreiben Sie nun alle Hinderungsgründe auf. Es kann etwas in Ihrem Inneren sein (z. B. bestimmte Gefühle) oder etwas Äußerliches (wie z. B. Geldmangel).

4. Überlegen Sie sich jetzt zu den Dingen, die Sie am meisten begeistern, konkrete Schritte, um sie in Ihrem Leben zu verwirklichen.

KAPITEL 4

DIE 3. TUGEND DES GENIUS: GELASSENHEIT

Gelassenheit ist die wunderbare Fähigkeit, stets souverän zu sein. Geschehen lassen, zulassen und loslassen zu können sind die wichtigsten Voraussetzungen dafür, den Genius in Ihnen zu entwickeln.

Gelassenheit wirkt wie ein Gegensatz zur Tugend „Begeisterung". Letztlich kann aber beides nur aus der Mitte unseres Seins entspringen. Wahre Gelassenheit ist die Erinnerung an sich selbst, an das wahre Sein. Dieses Erkennen ist Teil der Vollkommenheit.

Ein Weg zu dem inneren Frieden der Gelassenheit ist Meditation. Meditation setzt Gedankenstille voraus – ein natürlicher Zustand des Geistes von Ruhe, Frieden und Freiheit. Es ist ein Zustand der vollkommenen Gelöstheit vom Ich, von dem, der da handelt. Schließlich gibt es mich gar nicht mehr und es ist nur noch Wahrnehmung da, aber niemand mehr, der wahrnimmt.

Wenn Sie aus diesem Zustand heraus leben, bleiben Sie von den Umständen unberührt und können wirklich gelassen handeln. Dann können Sie originär kreativ werden. Hindernisse auf dem Weg des Erschaffens können gemeistert werden, wenn Gelassenheit gelebt wird.

Diese Gelassenheit ist dann das genaue Gegenteil von Resignation oder Passivität oder Gleichgültigkeit. Das heißt, im tieferen Sinn erscheint alles gleich-gültig, alles hat seine Gültigkeit und damit kann sich das Richtige und Stimmige entfalten.

Wir erlangen durch Gelassenheit die Fähigkeit, zu unterscheiden, was wir ändern können und was nicht.

Sie sind gelassen, wenn Sie unabhängig davon sind, wie sich die Dinge entwickeln. Sie erleben diese Gelassenheit als etwas, das Sie sind, das Sie mit anderen teilen und an sie weitergeben können. Sie werden selbst zum Zentrum der Wirklichkeit hinter den äußeren Erscheinungen.

Die innere Gelassenheit von der Ebene der inneren Wirklichkeit des Seins aus zu erleben hilft, das eigene Herz zu öffnen. Wenn Sie gelassen sind, dann sind Sie den Geschehnissen Ihrer Umgebung nicht mehr so stark verhaftet und zu sehr auf sie fokussiert. Sie lassen die Dinge um Sie herum einfach fließen. Sie haben das gute Gefühl, dass genau das Richtige zur richtigen Zeit passiert.

Ein Meister der Gelassenheit würde es so ausdrücken: Wenn es das Richtige für mich ist, wird es geschehen, wenn nicht, war es nicht das Richtige.

Diese Haltung hilft gut gegen sinnlose Sorgen und unnötige Nervosität. Wenn Sie aus dem Zustand der Gelassenheit dem Leben gegenübertreten, machen Sie sich den Augenblick zum Freund, heißen ihn willkommen, gleichgültig in welcher Verkleidung er auch erscheinen mag. Dann werden Sie erleben, dass das Leben Ihnen gewogen ist, die Umstände günstig sind, andere Menschen Ihnen helfen.

Die Entscheidung, sich den gegenwärtigen Augenblick zum Freund zu machen, ist die essenzielle Basis für kreatives Schaffen.

Treffen Sie jetzt, in diesem Augenblick, die Entscheidung, innere Gelassenheit in Ihr Leben zu bringen. Formen Sie ein mentales Bild der kommenden Woche, wo Sie sich selbst sehen, wie Sie aus diesem Zentrum der Gelassenheit heraus handeln. Sehen Sie ein Lächeln auf Ihrem Gesicht und fühlen Sie die Freude in Ihrem Herzen.

Und jetzt wählen Sie einen Bereich aus Ihrem Leben, in dem Sie mehr Gelassenheit entwickeln möchten. Dies kann etwas sein, wo Sie immer re-agiert haben. Stellen Sie sich vor, wie Sie all das auflösen, wie Sie vergeben und loslassen und in diesem Bereich eine innere Gelassenheit entwickeln. In Ihrer Vorstellung werden Sie spüren, wie die Umstände, die Sie erleben, diese Gelassenheit widerspiegeln. Andere Menschen, Umstände und Situationen müssen keine Reaktion in Ihnen auslösen. Bewahren Sie Ihre Gelassenheit, dann können Sie als Schöpfer die Ereignisse verändern, Sie können als Genius handeln und werden nicht mehr gestört oder aus der Ruhe gebracht.

Selbst wenn sich die Umstände nicht verändern, so vermindern sie jedenfalls nicht mehr Ihr Wohlbefinden. Dies ist die ideale Grundstimmung, die Sie für Ihren Schaffensprozess benötigen.

Ihre zentrierte gelassene Stimmung bringt Ihr wahres, geniales Wesen zum Vorschein und dies wird Ihnen wiederum von der Umgebung gespiegelt.

Gelassenheit verändert auch Ihr Verhältnis zur Zeit. Sie können sich fragen, welches Verhältnis Sie zum gegenwärtigen Augenblick haben. Und dann können Sie entscheiden, ob Sie sich diesen Augenblick zum Freund oder zum Gegner machen möchten. Wenn Sie präsent im Zustand der Gelassenheit sind, dann genießen Sie all das, was ist, genau so, wie es ist. Und dies drückt dann Ihre Grundsignatur dem Leben gegenüber aus. Sie beginnen damit, den Ereignissen des Lebens positiv gegenüberzustehen, ihnen freundlich zu begegnen und sie willkommen zu heißen – ganz unabhängig davon, wie sie sich Ihnen gegenüber darstellen, in welcher äußeren Form sie Ihnen erscheinen.

Die Entscheidung, sich die Gegenwart des Augenblicks zum Freund zu machen, müssen Sie immer wieder neu treffen. Erst wenn dieser Zustand der Gelassenheit, des Akzeptierens und Willkommenheißens zu Ihrer zweiten Natur geworden ist, wecken Sie den genialen Schöpfer in sich. Erst dann erschaffen Sie mühelos das, was Ihrer wahren Natur entspricht.

Sie beginnen außerhalb der messbaren Zeit zu leben. Sie versinken in dem schöpferischen Prozess, der nicht mehr von Gedanken an die Vergangenheit oder Zukunft bestimmt wird. Sie reduzieren diesen Prozess nicht mehr durch Ängste, Unruhe, Spannungen, Schuldgefühle oder Wut.

Ihr Schöpfungsprozess speist sich aus der Ursprünglichkeit und Frische des Augenblicks. Das Schaffen ist nicht mehr lediglich Mittel zum Zweck, um in der Zukunft etwas zu erreichen.

Gelassenheit ist das Gegenteil von Ungeduld, Enttäuschung und Stress, die die meisten Menschen als etwas betrachten, das normalerweise zum Leben dazugehört. Letztlich führt dies dazu, dass gerade der schöpferische Augenblick als das zentrale Problem angesehen wird.

Suchen Sie also aufmerksam nach der Antwort auf die Frage, wie Sie diesen gegenwärtigen Augenblick erleben. Fragen Sie sich, ob Sie ihn nur als Mittel zum Zweck erleben, um etwas in der Zukunft zu schaffen. Wenn das der Fall ist, bedeutet das, dass Sie sich vom Leben und von Ihrem schöpferischen SEIN abtrennen.

Alles, was Ihnen zur Verfügung steht, ist dieser gegenwärtige Augenblick. Erkennen Sie also, dass Sie nur diesen Augenblick haben! Das Leben findet immer nur *jetzt* statt. Ihr ganzes Leben entfaltet sich aus diesem Jetzt. Alles scheint der Zeit unterworfen zu sein und doch geschieht es im Jetzt.

Nehmen Sie einen schöpferischen Prozess, eine kreative Aktivität zum Anlass, um ganz im gegenwärtigen Augenblick anzukommen, ganz in ihm aufzugehen. Und machen Sie kein Zukunftsprojekt daraus, denn dies verhindert wiederum das Erleben des SEINS. Indem Sie der äußeren Erscheinungsform des Lebens keinen Widerstand mehr entgegensetzen, können Sie die stille Kraft innerer Gelassenheit für einen originären Schöpfungsprozess nutzen.

Übungen für mehr Gelassenheit

1. Erinnern Sie sich an drei Situationen, in denen Sie innere Gelassenheit verspürten. Erleben Sie dieses Gefühl jetzt noch einmal und beschreiben Sie es hier.
2. Was kann Sie aus dem Zustand der Gelassenheit bringen? Vervollständigen Sie den Satz „Ich kann gelassen bleiben, außer wenn ...":

_____

_____

_____

3. Bestätigen Sie sich jetzt selbst: „Mein Ich, das nicht gelassen ist, ist nicht mein wirkliches Ich. Mein wirkliches Ich ist zeitlos, grenzenlos, gelassen, flexibel und schöpferisch."

4. Jetzt können Sie alle oben aufgeschriebenen Feststellungen in positiver Weise umformulieren: „Mein Ich bleibt auch dann gelassen und zentriert, wenn ...":

_____

_____

_____

KAPITEL 5

DIE 4. TUGEND DES GENIUS: FLEXIBILITÄT

Stellen Sie sich vor, Sie wären mit Freunden an einem Sonntagnachmittag im Sommer zum Picknick im Grünen verabredet. Aber anstatt dass die Sonne lacht, gießt es in Strömen. Sie werden sich sicherlich nicht mit Ihren Freunden auf die Wiese in den Regen zum Picknicken setzen. Keine Frage: Sie werden flexibel sein und den Nachmittag umplanen.

Leben ist Bewegung und Bewegung ist Veränderung. Nur derjenige, der bereit ist, sich zu verändern und sich veränderten Umständen anzupassen, wird etwas bewegen. Nur flexible Menschen und flexible Firmen werden die Zukunft bestimmen.

Unsere Welt wird sich mit immer größerer Geschwindigkeit verändern. Nur wenn Sie flexibel reagieren, werden Sie in dieser sich ständig verändernden Welt auf Dauer erfolgreich bestehen können.

Flexibilität ist eine der wichtigsten Eigenschaften für schöpferisches Tun. Sie können sich nur erfolgreich entwickeln, wenn Sie sich dem Neuen öffnen.

Klammern Sie sich an Altbewährtes? Trauern Sie Vergangenem nach? Halten Sie an Gewohntem fest? Sie tun gut daran, das, was gestern gut war, immer wieder infrage zu stellen und zu prüfen, was jetzt in Ihrem Leben stimmig ist.

Bedenken Sie, dass sich nichts ändert, wenn *Sie* sich nicht ändern. Alles in Ihrem Leben wird sich verändern, wenn Sie sich selbst verändern.

Sie sollten Ihre Strategien den Zielen flexibel anpassen, so wie es Richard Blechnyden machte, als er 1904 zur Weltausstellung nach St. Louis fuhr, um indischen Tee zu promoten. Da es sehr heiß war und niemand an heißem Tee interessiert war, kam er auf die geniale Idee, den Tee abzukühlen, ihn mit Zucker zu mischen – und der Eistee wurde als neues Getränk geboren.

Oft ignorieren die Menschen die Möglichkeiten und Gelegenheiten, die im Neuen stecken. Leicht bleiben sie so in starren Lebensformen stecken und versäumen das Leben. Oft glauben sie, dass das, was sie bislang erreicht haben, das Bestmögliche darstellt.

Sie fürchten Ihre Sicherheit zu verlieren und geben sich mit dem zufrieden, was sie schon haben.

Aber schauen Sie sich den Prozess des Lebens an: Alles in der Natur ist Wachstum. Aus der Blüte wird eine Frucht, aus der Raupe wird ein Schmetterling.

Die Wandlung Ihrer Persönlichkeit vollzieht sich nicht automatisch, sondern Sie müssen sich aus freien Stücken dafür entscheiden. Niemand kann Sie verändern. Sie müssen den neuen Weg selbst gehen.

Erkennen Sie, dass jeder Tag ein neuer Tag ist und Sie deshalb immer etwas Neues erwartet. Geben Sie sich nicht mit dem Alten zufrieden und erwarten Sie, dass neue Dinge in Ihrem Leben geschehen.

Glauben Sie an sich selbst und seien Sie sich bewusst, dass Sie der Regisseur in Ihrem Leben sind. Öffnen Sie sich vertrauensvoll dem Neuen und glauben Sie daran, dass sich Ihre Zukunft positiv entfalten wird.

Veränderung ist natürlich und gesund und nicht etwas, vor dem Sie Angst haben müssen. Lernen Sie im kraftvollen Strom des Lebens zu schwimmen, anstatt sich beim Versuch, gegen den Strom zu schwimmen, zu erschöpfen. Der Versuch, sich gegen lebensnotwendige Veränderungen zu stemmen, ist ungeheuer kräftezehrend.

Also seien Sie flexibel, was Veränderungen in Ihrem Leben betrifft! Auf diese Weise kommen Sie rasch über schwierige Phasen hinweg und können schon bald die

Früchte Ihrer geistigen Arbeit ernten: Freude, Vitalität und Fülle.

Seien Sie bereit, die Lektionen des Lebens zu lernen. Wenn Sie sie umsetzen und entsprechend handeln, dann vollzieht sich eine Veränderung in Ihnen: eine Veränderung Ihrer Einstellung, Ihres Denkens, Ihrer gesamten Lebensweise.

Wenn Sie bereit sind, sich dem Neuen – insbesondere neuen Erkenntnissen – zu öffnen, dann können Sie Ihr ganzes Leben verändern.

Seien Sie bereit, Ihre Fähigkeiten und Möglichkeiten durch Flexibilität zu erweitern. Lassen Sie sich durch Ihre Vision zu Neuem führen. So schaffen Sie eine neue energetische Signatur. Positive Veränderungen im Leben zu verursachen ist eine ganz natürliche, einfache Angelegenheit. Es geht eigentlich nur darum, dass Sie sich entschließen, Ihre Fähigkeiten und Möglichkeiten zu erweitern.

Erkennen Sie das Leben als Abenteuerland, wo hinter jeder Ecke etwas Neues und Aufregendes auf Sie wartet. Öffnen Sie sich dem Abenteuer, der Lebendigkeit und der Freude.

Sie können gleich damit beginnen, dass Sie auch im Alltag die Dinge einmal anders angehen und Neues wagen. Schon kleine Veränderungen können ein Gefühl von Begeisterung und Lebendigkeit wecken. Sie entdecken, dass in Ihrem Inneren die Quelle der Freude und des Glücks sprudelt. Ergreifen Sie die vielen Gelegenheiten zu positiver Veränderung. Leben Sie im

Augenblick. Lassen Sie das Alte hinter sich und setzen Sie das Neue und Wunderbare an seine Stelle. Wecken Sie immer wieder den Genius in sich!

Übungen für mehr Flexibilität im Leben

1. Denken Sie an mindestens drei Fähigkeiten und Erfahrungen, die im vergangenen Jahr neu in Ihr Leben getreten sind. Während Sie diese niederschreiben, erinnern Sie sich daran, wie Sie diese Veränderungen erlebten.

   _____

   _____

   _____

2. Schreiben Sie die Gefühle auf, die Sie wahrnahmen, nachdem Sie sich dem Neuen geöffnet hatten.

   _____

   _____

   _____

3. Jetzt notieren Sie hier mindestens drei neue Erfahrungen, die Sie in der nächsten Zeit in Ihrem Leben machen, oder drei Fähigkeiten, die Sie sich aneignen möchten.

_____

_____

_____

KAPITEL 6

DIE 5. TUGEND DES GENIUS: GEDULD

Auf den ersten Blick sieht es nicht so aus, aber Eigenschaften wie Geduld und Selbstdisziplin gehören auch zu wichtigen Tugenden des Genius. Alles braucht seine Zeit. Es reicht nicht aus, über geniale Ideen und Konzepte zu verfügen. Es geht auch darum, sie mit Disziplin und Beharrlichkeit umzusetzen.

Disziplin ist der Schlüssel zu Selbstkontrolle und Macht über sich selbst. Nur eine große Portion Selbstdisziplin trägt letztlich zum Erfolg bei. Wir schaffen das, was wir mit Begeisterung und Einfühlungsvermögen vorbereitet haben, dann, wenn wir es mit Beharrlichkeit verfolgen – auch wenn uns eigentlich nicht danach ist. Geduld und Zeit erreichen mehr als Stärke und Leidenschaft.

Wir müssen auch auf den richtigen Zeitpunkt warten können. Dies wird in unserer schnelllebigen Zeit oft vergessen oder als langweilig abgetan. Wir leben in einer Zeit, in der die Dinge nicht nur leicht, sondern auch schnell gehen müssen – am besten ohne Anstrengung. Beharrlich sein, geduldig an einer Sache dranbleiben – das fällt oft schwer. Viel leichter und viel verführerischer ist es, einfach aufzugeben.

Es hilft Ihnen bei einem kreativen Projekt durchzuhalten, wenn Sie ruhig werden und ein wenig nachdenken, bevor Sie handeln. Ständige Aktivität ohne Pause mag für manche Arbeiten angebracht sein, aber es ist sicherlich nicht immer der richtige Weg, ausschließlich so vorzugehen.

Viele Menschen sind den ganzen Tag über ständig in Bewegung, gehen von einer Sache zur anderen, gerade wie Ihnen etwas einfällt oder Ihre Aufmerksamkeit erregt. Wenn Sie ein Projekt erfolgreich umsetzen wollen, halten Sie mehrmals am Tag inne und achten Sie auf das, was Sie tun. Verändern Sie Ihre Blickrichtung: Setzen Sie sich in Ruhe hin und betrachten Sie Ihre Gedanken von der Ebene Ihres Seins aus. Das ist der Zustand der vollkommenen Losgelöstheit von dem, der da handelt.

In diesem Moment der Entspannung „gibt es Sie gar nicht mehr" und es ist nur noch Wahrnehmung vorhanden. Sie als Wahrnehmender versinken in die

Einheit mit dem Ganzen. Ihre Emotionen sind ruhig und ausgeglichen. In diesem Augenblick spüren Sie die Verbindung mit dem Einen, der gleichzeitig alles ist.

Wenn Sie während Ihrer täglichen Aktivitäten manchmal innehalten, den Körper entspannen und Ihren Geist zur Ruhe kommen lassen, werden Sie viele neue Möglichkeiten entdecken, wie Sie Ihre Projekte umsetzen können.

Sie können Ihre Sicherheit in der Umsetzung von kreativen Projekten durch eine innere Rücksprache im Zustand des Seins erreichen. Auf diese Weise können Sie die Dinge noch einmal mit Abstand unter den verschiedensten Gesichtspunkten betrachten. Dazu gehört auch, sich immer genügend Zeit zu geben, um eine Sache gut zu machen. Viele Dinge, die Sie aus dem Gleichgewicht bringen, lassen sich vermeiden, wenn Sie sich vor dem Handeln genügend Zeit zum Überlegen nehmen.

Verzagen Sie nicht bei den ersten – scheinbaren – Rückschlägen. Alles braucht seine Zeit, das ist ein Naturgesetz. Blumen wachsen auch nicht schneller, wenn Sie an Ihnen ziehen!

Sie müssen nicht vor jeder Handlung innehalten und sich mit Ihrer Essenz verbinden, aber Sie können Ihr Leben angenehmer gestalten, wenn Sie eine wichtige Angelegenheit mit Abstand betrachten, während Sie für einen Moment innehalten.

Alle kreativen Prozesse sollten von Geduld und innerem Gleichgewicht begleitet werden. Hast und

Ungeduld bringen Sie aus dem inneren schöpferischen Fluss. Wenn Sie ständig in Bewegung sind, treffen Sie mit Sicherheit Entscheidungen oder tun Dinge, die zu Krisen und Problemen führen.

Wenn Sie eine wichtige Entscheidung zu treffen haben, visualisieren Sie die verschiedenen Ergebnisse und erleben Sie sie schon vor. Auf diese Weise können Sie Ihre Zukunft schon einmal „anprobieren" und spüren, ob sie Ihnen „passt". So können Sie voraussehen, was sich aus Ihrem Tun ergibt, um so für Sie optimale Ergebnisse zu erzielen.

Neben Geduld tragen auch Stabilität und Gleichgewicht dazu bei, dass schöpferische Projekte erfolgreich sind.

Gleichgewicht und Harmonie erzeugen Sie durch die Gedanken und Worte, die Sie denken und aussprechen. Wenn Sie z. B. etwas erreicht haben, dann nehmen Sie eine positive Haltung dazu ein, die Sie mit Worten wie: „Gratuliere! Du hast deine Sache gut gemacht!" Dieses Lob, das Sie sich selbst gegenüber aussprechen, hilft Ihnen dabei, in Zukunft Ähnliches zu erreichen. Eine solche freudige Einstellung wirkt wie ein Magnet und jedes mit Freude aufgeladene Ereignis zieht ähnliche Ereignisse in Ihr Leben. Fröhliche, positive Gefühle unterstützen Ihre Kreativität und Ihren Genius auf dem Weg zu optimalen Ergebnissen. Durch eine so ausgewogene Geisteshaltung erreichen Sie die notwendige Stabilität in Ihrem Leben. Wenn Sie z. B. auf die Probleme eines Freundes mit Depressivität oder Ärger reagieren, beeinträchtigen Sie Ihren eigenen Schöpfungsprozess.

Viele Menschen lassen sich durch die Unausgeglichenheit anderer aus der inneren Mitte holen. Wenn man Ihnen sagt, dass Sie etwas falsch gemacht haben, können Sie bewusst die Entscheidung treffen, sich nicht aus Ihrem Gleichgewicht bringen zu lassen. Der andere kann Sie nur so weit stimmungsmäßig herunterziehen, wie Sie es zulassen. Um diese Beeinflussung zu verhindern, können Sie sich mit der Wirklichkeit Ihres Seins verbinden, um die nötige Stabilität und Ausgeglichenheit zurückzugewinnen.

Gleichgewicht bedeutet, den Mittelweg zwischen Gegensätzen zu finden. Sie erschaffen Gleichgewicht, indem Sie es visualisieren. Visualisieren Sie also, dass Sie alles im richtigen Maß tun. Übertreibungen und Extreme führen immer zu Ungleichgewicht.

Achten Sie auf Ruhepausen. Arbeiten Sie nicht weiter, wenn Ihre Energie schon längst verbraucht ist. Tun Sie Dinge, die Ihre Lebenskraft stärken. Es gibt immer die richtige Mischung aus Entspannung und Aktivität, Intellekt und Intuition. Letztlich geht es darum, Dinge zu tun, die Ihre Lebenskraft unterstützen, damit Sie Ihre Lebensziele mit Freude umsetzen können.

Gehen Sie mit Geduld und Beharrlichkeit in Ihrem Leben so vor, dass Sie Ihr inneres Gleichgewicht bewahren. Auf diese Weise bleibt Ihr Alltag anregend für Sie und Sie erwachen morgens mit dem Bewusstsein, dass Ihr Leben lebenswert ist. Gönnen Sie sich, was Sie brauchen, um sich freuen zu können.

Übungen für mehr Geduld und Gleichgewicht

1. Denken Sie an ein Projekt oder Ziel in Ihrem Leben. Sehen Sie es wie einen Marathonlauf. Dieser wird auch nicht nach dem ersten Kilometer entschieden. Jeder Erfolg braucht Zeit. Nehmen Sie sich die nötige Zeit.
2. Visualisieren Sie Ihr Ziel und schaffen Sie vor Ihrem geistigen Auge ein klares Bild, wie Sie Ihr Ziel mit Ausdauer erreichen.
3. Setzen Sie sich in Ruhe hin und entspannen Sie sich. Erzeugen Sie einen inneren Zustand der Gedankenstille. Dann betrachten Sie Ihr Projekt noch einmal aus dem Blickwinkel eines Beobachters.
4. Verweilen Sie noch einmal in diesem ruhigen Zustand der Entspannung. Überlegen Sie, was Sie gerade jetzt tun können, um mehr Gleichgewicht in Ihr Leben zu bringen.

KAPITEL 7

DIE 6. TUGEND DES GENIUS: HUMOR

Ein kluger Mensch brachte es einmal wunderbar auf den Punkt: Humor wirkt wie ein Fernglas, das wir umdrehen.

Aus dieser Perspektive sieht jedes Problem viel kleiner aus. Lachen vertreibt Angst und Kummer aus unserem Leben, es wirkt sogar wie ein Allheilmittel: Durch herzhaftes Lachen werden die Gesichts-, Schulter-, Zwerchfell- und Bauchmuskulatur mobilisiert, der Herzschlag beschleunigt sich, der Atem wird schneller, die Sauerstoffzufuhr ins Blut verbessert sich. Durch einen Lachanfall wird die Entspannung deutlich gefördert.

Der Lachende schaltet ab, gewinnt an Stressresistenz und fühlt sich glücklich. Außerdem werden eine Menge Neurotransmitter und Substanzen aus der Familie der Endorphine aktiviert. Das stärkt wiederum die Immunabwehr, sodass Infektionen weitaus seltener ausbrechen. Fröhlichkeit belebt unbestreitbar die Stimmung.

Wir lachen aber im Schnitt nur sechs Minuten am Tag. Das ist traurig, aber wahr! Dabei sind Humor und Lachen das beste Gelassenheitselixier für uns!

Humor ist eine wunderbare Qualität, eine Grundhaltung, eine Lebenseinstellung, die gelöst, freundlich und positiv ist. Wer Humor hat, kann Kränkungen entschärfen, Belastungen und Ärger verringern.

Humor ist deswegen eine wichtige Tugend für den Genius, denn er lässt Sie leichter werden, er entspannt eine verkrampfte Einstellung. Mit Humor stellen Sie sich außerhalb von den Dingen, betrachten Probleme einmal aus einer anderen Perspektive und lassen sich nicht von Ihnen auffressen. Sie erkennen die Herausforderungen des Lebens und Ihre Schwächen als Stolpersteine, die Situationen hervorrufen, die eigentlich oft sehr komisch und absurd sind.

Schauen Sie sich diese Absurdität mit einem gewissen Abstand an – und Sie müssen unweigerlich lächeln oder sogar lachen. Das Leben erscheint Ihnen tatsächlich als ein „kosmischer Witz".

Wenn Sie das Leben mehr mit Humor sehen, erscheint es Ihnen wie eine Theaterbühne und Sie warten gespannt auf den nächsten Akt. Und mit einem gewissen Humor entwickeln Sie auch eine Art sportlichen Ehrgeiz, Ihre Kräfte angesichts von Herausforderungen zu erproben. Sie sind neugierig, wie wohl die nächste Bewährungsprobe aussehen wird.

Sie lächeln über Ihre eigenen Unzulänglichkeiten und brauchen sich nichts mehr vorzumachen. Das Leben erscheint Ihnen wie ein lustiger Tiergarten mit allerlei exotischen, liebenswerten, manchmal skurrilen Tieren, die alle versuchen, ihre eigenen Ziele zu erreichen, und nicht selten dabei seltsam verschlungenen Pfaden im Dschungel des Lebens folgen.

Wenn Sie die Geschehnisse des Lebens mit Humor sehen, erkennen Sie, dass alle Wesen Prüfungen bestehen müssen und niemand verschont bleibt. In schwierigen Situationen wird Ihnen mit einem humorvoll entspannten Geist das Gute klar, das daraus entstehen kann. Das Leid erkennen Sie als Lernerfahrung für die Entfaltung der Seele. Sie sehen: Wahre Weisheit verfügt immer über einen guten Schuss Humor.

Neben Humor gehört auch das Spielen zu einer wichtigen Tugend des Genius. Um einen Ausgleich zum Arbeitsalltag in Ihrem Leben zu schaffen, sollten Sie sich hin und wieder entspannen und Ihre Freizeit genießen. Die Medien sind voll von Angeboten, doch auch hier verkommt Spiel oft wieder zu Ernst.

Wahres Spielen ist etwas anderes als organisiertes Reisen und große Freiluftspektakel. Es kommt von innen, aus der Seele. Wahres Spielen ist absurd, fantasievoll, kreativ. Beim Spiel lassen Sie den Körper einfach Spaß haben. Schalten Sie für die Zeit des Spielens einmal den Verstand aus und Ihr Körper wird genau das machen, was ihm gut tut.

Schauen Sie einmal den Kindern beim Spielen zu – sie wissen, wie man das macht, ohne großartig darüber nachzudenken. Nichtstun und Fantastereien entspannen Sie und versetzen Sie in einen ursprünglichen Zustand des Einsseins. Lassen Sie die Fantasie spielen und sich von Ihrem inneren Kind von einem Spiel zum nächsten führen.

Wahres Spielen hat nichts mit den organisierten Vergnügungen der Erwachsenenwelt zu tun. Es ist mehr das Spiel Ihrer Seele. Es sprudelt direkt aus Ihrem Herzen und stärkt Sie ganz tief im Inneren Ihres Wesens. Lassen Sie sich bewusst fallen und finden Sie wirkliche Erholung, die den essenziellen Bedürfnissen Ihrer Seele entspricht: Freude, Spaß, Freiheit und Schönheit.

Übungen für mehr Humor und Leichtigkeit

1. Nehmen Sie sich Zeit, um den Ernst gelegentlich abzustreifen. Lassen Sie sich von Freude und Spaß führen.
2. Machen Sie Ding einmal ganz anders als gewöhnlich und genießen Sie auch, albern und ausgelassen zu sein. Und sehen Sie das Komische an Umständen und Situationen, lächeln Sie öfter einmal.

3. Gewinnen Sie Dingen, die Sie als Schwierigkeiten betrachten, auch einmal eine komische Seite ab und seien Sie humorvoll. Bringen Sie auf diese Weise etwas mehr Leichtigkeit in Ihr Leben.

KAPITEL 8

DIE 7. TUGEND DES GENIUS: INTUITION

„Irgendwie wusste ich das schon vorher. Hätte ich mich nur nach diesem inneren Gefühl gerichtet!" Wie oft haben Sie diesen Seufzer ausgestoßen?

Wie oft hatten Sie dieses innere Gefühl, hörten eine innere Stimme, die auf drängende Fragen die richtige Antwort hatte? Und wie oft handelten Sie dann doch über den Verstand und ignorierten diese innere Stimme? Wie oft täuschten Sie sich auf diese Weise?

Wir alle wissen viel mehr, als wir über unseren Verstand erfahren und begreifen. Jeder hat diese natürliche Gabe der Intuition, die ihm zeigt, was für ihn stimmig ist und was nicht. Intuition hilft uns, wichtige Entscheidungen zu treffen, auch dann, wenn uns entscheidende Fakten fehlen. Die Entscheidung wird dann nicht im Kopf, sondern im Herzen oder auch im Bauch getroffen.

Intuition ist eine Art wortloses Wissen, die Fähigkeit, die Wahrheit ohne Erklärungen spüren zu können. Intuition zeigt seine Wirkungen unabhängig von Zeit und Raum, sie stellt eine Verbindung zum Selbst dar. Es ist ein Wissen, das Vergangenheit, Gegenwart und Zukunft gleichermaßen umfasst.

Der Intellekt sagt: „Das muss ich morgen erledigen, es steht auf der Liste!" Die Intuition erklärt stattdessen: „Würde mir das Freude machen? Das wäre doch eine großartige Sache!"

Die Intuition fühlt sich eher wie ein verspieltes Kind an, das Sie von einer starren Vorgehensweise weglocken möchte. Erstaunlicherweise können Sie sich durch die spielerische Intuition oft mühsame Umwege ersparen. Es lohnt sich also, intuitiv und spielerisch sein Leben zu meistern. Wichtig ist nur, unterscheiden zu können, wann es sich tatsächlich um Intuition und wann um eine Ausflucht oder Ablenkung handelt.

Intuition reicht über das Bekannte hinaus. Sie kann Ihnen helfen, Antworten und Informationen zu finden, zu denen Sie auf rein rationellem Weg nicht gelangen würden. Wenn Sie der Intuition folgen, werden sich Ihnen viele Türen öffnen. Innerhalb von Sekunden werden Ihnen vielleicht Problemlösungen zugänglich, an denen Sie vorher jahrelang gearbeitet haben.

Viele Menschen haben eine Vision von einem erfüllten Leben, aber die wenigsten erlauben sich, auch wirklich zu träumen und die Vision Realität werden zu lassen. Es ist wichtig, sich darüber klar zu sein, dass es nicht ausreicht, sich die Vision in der Fantasie auszumalen. Es geht auch darum, sie in die Tat umzusetzen. Dabei gilt es, Geduld, Vertrauen, Zuversicht und Zielstrebigkeit zu entwickeln.

Jeder besitzt Intuition. Manchmal weiß man schon im Voraus, wer anruft – das ist Intuition.

Sie haben vielleicht auch Ihre Lebensvision. Die Herausforderung besteht darin, Ihre Handlungen und Einstellung dieser Vision anzupassen. Ihre wahre Kraft werden Sie erst erleben, wenn Sie Ihren Eingebungen folgen. Es reicht dabei nicht aus, ausschließlich in der Welt der Intuition zu leben, denn auf diese Weise wird man nichts aus seinem Leben machen, außer Tagträumen nachzuhängen oder mit großartigen Visionen zu prahlen.

Seien Sie sich im Klaren darüber, dass es äußerst wichtig ist, sich für Vergangenes nicht zu verurteilen. Sie sollten vielmehr Ihr vergangenes Selbst lieben und achten. In dem Maße, wie Sie Ihre vergangenen Erfahrungen wertschätzen, werden Sie die Stimme Ihrer Intuition hören und positiv in die Zukunft vorangehen. Es ist schwierig, seinen Eingebungen zu folgen, wenn man sein früheres Sein nicht liebt.

Die Intuition spricht immer in der Gegenwart zu Ihnen. Während Sie sich zu einer Sache zwingen, obwohl Ihr Bauchgefühl Sie eigentlich zu etwas anderem drängt, hören Sie nicht auf Ihre Intuition. Diese gibt Ihnen nämlich ständig Hinweise, was Sie tun sollten, um Ihre Kraft zu bewahren. Sie führt immer zu mehr Freude und Lebendigkeit.

Ihr Verstand wird häufig gegen die Eingebungen der Intuition opponieren. Wir alle wurden so erzogen, dass wir dem Verstand den Vorzug geben. Aber bedenken Sie, dass alle großen Erfindungen – z. B. Radio und Fernsehen – mithilfe von Verstand *und* Intuition entwickelt wurden.

Der Intellekt glaubt immer „hart arbeiten" zu müssen, um zu guten Ergebnissen zu kommen. Er fühlt sich durch die spielerische Intuition eher bedroht. Wenn Sie nur nach festen Plänen handeln, gehen Ihnen vielleicht viele intuitive Hinweise verloren, die Ihnen optimale und einfachere Möglichkeiten bieten.

Immer wenn Sie merken, dass Sie einer Sache Widerstand entgegensetzen, horchen Sie in sich hinein und fragen Sie sich, was Ihnen mehr Freude machen würde. Wenn Sie Ihrer Intuition vertrauen, leben Sie mehr aus der Leichtigkeit des Seins, Sie fließen mit dem Leben.

Verwenden Sie den Intellekt, um sich Ziele zu setzen und Pläne zu schmieden. Und lassen Sie sich von der Intuition auf den besten und einfachsten Weg dahin führen. Das ist am ehesten möglich, wenn Sie Ihren Ahnungen, Gefühlen und Herzenswünschen folgen.

Es erfordert auch einigen Mut, den Eingebungen zu folgen. Um diesen zu stärken, sollten Sie sich immer wieder in die Zeiten zurückversetzen, wo Sie einmal erfolgreich der inneren Stimme gefolgt sind.

Erlauben Sie sich, wieder zu spielen, und tun Sie die Dinge, die Ihnen Freude machen. Sorgen Sie für Spaß in Ihrem Leben. Lesen Sie noch einmal das Kapitel über Humor. Sie werden erkennen, dass die Kreativität in Ihrem Leben wieder zu fließen beginnt, und Sie werden den Genius in sich entdecken.

Übungen für die Erschließung der Intuition

1. Schreiben Sie drei Ereignisse aus Ihrer Vergangenheit auf, bei denen Sie der Intuition folgten und ein positives Ergebnis erzielten.

_____

_____

_____

2. Notieren Sie drei Dinge, die Ihre innere Stimme Ihnen immer wieder zuflüstert, die Sie umsetzen sollten.

_____

_____

_____

3. Überlegen Sie jeweils, welche Schritte Sie unternehmen können, um diese Punkte in der nächsten
Zukunft zu verwirklichen.

———————————————————————————

———————————————————————————

———————————————————————————

KAPITEL 9

DIE 8. TUGEND DES GENIUS: KONZENTRATION

Vielleicht kennen Sie das von sich selbst? Während wir essen, lesen wir ein Buch oder hören gleichzeitig Radio. Während wir fernsehen, sprechen wir mit dem Partner oder mit den Kindern. Während wir telefonieren, läuft Musik im Hintergrund und wir surfen nebenbei im Internet. Wir versuchen, verschiedene Dinge gleichzeitig zu erledigen.

Das Ergebnis? Wir sind unkonzentriert, reizüberflutet und lassen uns ständig ablenken. Wir können uns nicht auf eine Sache konzentrieren. Die Dinge machen uns keine wirkliche Freude und erfüllen uns nicht. Schnell sind wir gelangweilt. Wir machen Fehler, vergeuden viel Zeit und Energie. Wir finden keine wirklich stimmigen Lösungen für unsere Probleme und wir können uns nicht auf ein Ziel konzentrieren.

Erst wenn wir uns wirklich ganz auf eine Aufgabe einlassen, stellt sich der gewünschte Erfolg ein. Indem wir uns bewusst auf einen bestimmten Aspekt unseres Seins konzentrieren, setzen wir diese Kraft in Tätigkeit um und erreichen somit ein gutes Ergebnis. Begeistern Sie sich für die Dinge und genießen Sie das, was Sie gerade tun. Auch dann, wenn es sich um eine ganz simple Tätigkeit handelt.

Wenn Sie Ihr Bewusstsein mit ungeteilter Aufmerksamkeit auf eine bestimmte Sache richten, öffnen Sie dieser Sache Ihr Herz und Sie werden interessante Erfahrungen und Entdeckungen machen. Sie lernen die Dinge mit dem Herzen anzunehmen und zu lieben. Sie werden viele Glücksmomente erleben, wenn Sie beginnen, die Dinge wieder so zu sehen, wie sie wirklich sind.

Was können Sie tun?

Konzentrieren Sie sich mit all Ihren Sinnen auf den Augenblick. Versenken Sie sich in die Dinge. In diesem Zustand der vollkommenen Konzentration und Entspannung ist wieder kindliches Lernen möglich – und nicht in der verkrampften Haltung, die wir Erwachsene oft Konzentration nennen. Die entspannte Konzentration verbindet Ihr ganzes Sein in unendlicher Liebe mit den Dingen und Sie erleben die Schönheit des eigenen Handelns. Sie erfahren den Augenblick mit allen Sinnen, denn das Leben findet jetzt, in diesem Augenblick statt.

Konzentration ist die Kunst, Ablenkungen zu ignorieren, Aufmerksamkeit zu bündeln und das Wesentliche im Auge zu behalten. Es geht darum, die Konzentration auf ein Ziel zu lenken. In der Natur kennen wir das Phänomen: Wenn die Sonne scheint, kann sie den Boden nur erwärmen. Wenn wir allerdings mit einem Brennglas die Strahlen bündeln (konzentrieren), dann können wir ein Feuer entzünden.

Je anspruchsvoller die Aufgabe, umso wichtiger ist es, die Kräfte auf das Wesentliche zu konzentrieren. Dann erst finden wir Antworten auf unsere Fragen – und den Weg, der uns zu unseren Zielen führt.

Übungen für Konzentration

1. Machen Sie sich bewusst: Das Leben findet nur im gegenwärtigen Augenblick statt und die Konzentration ist der Schlüssel für eine erfüllende und erfolgreiche Tätigkeit.
   Schauen Sie ein paar Minuten in die Flamme einer Kerze. Diesen Zustand der meditativen Versenkung können Sie dann auch auf alltägliche Handlungen übertragen.
2. Begeistern Sie sich wirklich für eine Sache? Dann können Sie sich am besten konzentrieren.
3. Genießen Sie Ihr Tun mit allen Sinnen. Entwickeln Sie die Überzeugung, dass die entspannte Konzent-

ration ein Vielfaches an Erfolg zurückbringt. Beeilen Sie sich nicht, sondern genießen Sie jeden Augenblick. Denken Sie nicht an die Ergebnisse, sondern freuen Sie sich und genießen Sie das Hier und Jetzt.

KAPITEL 10

DIE 9. TUGEND DES GENIUS: MUT

Wer kreativ sein, wer selbst Schöpfer seines Lebens werden will, muss immer wieder mutig und bereit sein, Risiken einzugehen. Sehr schön illustriert dies ein Beispiel in dem Buch „Hühnersuppe für die Seele" von Jack Canfield und Marc Victor Hansen:

> Zwei Samen lagen Seite an Seite in der fruchtbaren Frühlingserde.
> Der erste Samen sagte: „Ich will wachsen! Ich will meine Wurzeln tief in die Erde unter mir aussenden und meine Sprossen durch die Erdkruste über mir stoßen ... Ich will meine zarten Knospen entfalten wie Banner, um die Ankunft

des Frühlings zu verkünden ... Ich will die Wärme der Sonne auf meinem Gesicht und den Segen des Morgentaus auf meinen Blütenblättern spüren!"

Und so wuchs er.

Der zweite Samen sagte: „Ich habe Angst. Wenn ich meine Wurzeln in den Boden unter mir aussende, weiß ich nicht, was mir im Dunkeln begegnet. Wenn ich mir meinen Weg durch die harte Erde über mir bahne, könnte ich meine empfindlichen Sprossen verletzen ... Was ist, wenn ich meine Knospen sich öffnen lasse, und eine Schnecke versucht, sie zu fressen? Und wenn ich meine Blüten öffne, könnte ein kleines Kind mich aus dem Boden reißen. Nein, es ist viel besser für mich, zu warten, bis es sicher ist."

Und so wartete er.

Eine Hofhenne, die im Boden des ersten Frühlings nach Futter umherscharrte, fand den wartenden Samen und fraß ihn prompt.[*]

Es geht darum, dass wir lernen, das Bedürfnis nach vollkommener Sicherheit aufzugeben und mit beiden Armen nach dem Leben zu greifen, nach den Möglichkeiten des Lebens. Umarmen Sie das Leben doch wie eine Geliebte!

---

[*]. Jack Canfield, Marc Victor Hansen: „Hühnersuppe für die Seele". München: Goldmann/Arkana, 1996. S. 165.

Wir haben alle die alltäglichen Ängste vor dem Versagen, vor einer Blamage, überhaupt vor dem Unbekannten. Aber bedenken Sie: Angst ist der größte Feind des Erfolgs und Handeln ist der größte Feind der Angst. Handeln Sie einfach und lassen Sie sich bei Ihren Handlungen auch immer wieder von Ihrer Intuition führen. Lesen Sie dazu noch einmal das Kapitel über die Intuition.

Lassen Sie sich nicht durch ängstliche Vorstellungen behindern, denn so blockieren Sie einen Großteil Ihrer Energie. Sie werden passiv und depressiv. Gehen Sie hinaus, lassen Sie sich vom Abenteuer „Leben" aus dem Alltagstrott bringen. Denn im Leben ist nur eins sicher: Nichts ist sicher!

Wenn Sie ein interessantes, faszinierendes und buntes Leben führen wollen, können Sie nicht auf die graue Nummer „Sicherheit" setzen. Risiko ist die Bugwelle des Erfolgs! Betrachten Sie Risiko, Unsicherheit und Angst als bereichernde Zutaten, die dem Leben die notwendige Würze geben.

Wie gehen Sie am besten mit Problemen und den damit verbundenen Ängsten um? Ganz wichtig ist, im ersten Schritt das entsprechende Problem als wichtigen und wertvollen Teil Ihres Lebens anzusehen. Sie sollten es akzeptieren und sich nicht dagegenstellen. Erst wenn Sie Ihrer Angst keinen Widerstand mehr entgegensetzen, können Sie beginnen, sie zu verstehen. Denn diese Angst entspricht genau Ihrem Entwicklungsprozess, sie liefert Ihnen bestimmte Botschaften und Signale und nur Sie können diese auflösen.

Wenn eine bestimmte Angst zu einer bestimmten Zeit in Ihrem Leben auftaucht, dann ist dies kein Zufall. Ihre Angst ist ein Wegweiser und Sie müssen lernen, ihn richtig zu lesen. Fragen Sie sich selbst: Was will mir diese Angst sagen? Was kann ich lernen?

Sie können Ängste und Probleme für sich als Sprungbrett zu tieferen Einsichten nutzen. Erst wenn Sie sich diese positive Sichtweise aneignen, werden Sie erkennen, dass jedes Problem neue Möglichkeiten beinhaltet.

Wenn Sie angesichts von Ängsten wie gelähmt sind, dann ist es gut, wenn Sie in der Stille zu Bewusstsein kommen. Danach fällt es Ihnen leichter, den eigenen Standpunkt zu verändern und neue Chancen und Möglichkeiten zu entdecken.

Gehen Sie den Weg der kleinen Schritte. Tun Sie zunächst einmal gar nichts und schauen Sie sich die Angst mit der inneren Verwirrung an, die Sie blockiert. Und dann setzen Sie Angst und Verwirrung statt gegen Sie jetzt für Sie ein.

Angst und Depression sind lediglich Energieformen, die Sie bewusst positiv lenken können. Entscheidend ist auch hier, wie Sie diese Energieformen bezeichnen. Schmerzlich und bedrückend werden sie erst dann, wenn Sie sie auch als negativ und blockierend bezeichnen. Sie selbst bestimmen Ihre Reaktionen. Lernen Sie Ängste, Schwierigkeiten und Probleme als Herausforderungen und Gelegenheiten anzusehen und nicht als etwas, das Ihnen zustößt und das Sie über sich ergehen lassen müssen. Machen Sie sich jede Situation zunutze.

Wie oft beklagen wir uns über scheinbare Nachteile, die sich nachträglich als große Vorteile herausstellen! Mit dieser Einstellung gewinnen Sie eine umfassendere Lebensperspektive. Sie erlangen eine gesunde, mutige und Kraft spendende Grundeinstellung, die Sie motiviert, jedes Problem anzugehen und mit Tatkraft hinter sich zu lassen.

Betrachten Sie den heutigen Tag als Beginn eines neuen Lebens. Halten Sie nach den vielen Gelegenheiten Ausschau, die Ihnen helfen, in allen Bereichen des Lebens zu wachsen. Die Chancen werden meistens nicht auf dem silbernen Tablett serviert, sondern erscheinen oft in der Verkleidung von Misserfolgen und Problemen.

Beginnen Sie damit, die Probleme etwas spielerischer und mit Humor zu betrachten. Wenn Sie dabei den notwendigen Mut entwickeln, wird sich Ihnen in Ihrem Leben ein tieferer Sinn offenbaren und Sie werden ausgeglichener.

Übungen für Mut und Zuversicht

1. Visualisieren Sie ein Problem in Ihrem Leben. Vielleicht mögen Sie die Augen schließen und sich die entsprechende Situation vorstellen.
   Jetzt fragen Sie sich, was Sie aus der Situation lernen können. Erkennen Sie die Erfahrung als

Herausforderung an und stellen Sie sich vor, wie sie Ihnen hilft, stärker zu werden.

2. Überlegen Sie, was aus Ihren Ängsten in der Vergangenheit geworden ist. Sie werden feststellen, dass nicht einmal zehn Prozent aller Ängste Wirklichkeit wurden. Merken Sie sich: Nicht die Dinge selbst beunruhigen Sie, sondern die Vorstellung davon.

3. Stellen Sie sich in Zukunft nur noch die Frage, *wie* Sie etwas schaffen, und vergessen Sie die Frage, *ob* Sie etwas schaffen.

4. Handeln Sie. Stellen Sie sich der Angst. Handeln löst Ängste auf. Schaffen Sie sich auf diese Weise neue positive Erfahrungen, die Ihren Mut noch vergrößern.

KAPITEL 11

DIE 10. TUGEND DES GENIUS: OPTIMISMUS

Optimisten betrachten die Welt nicht als feindliches Terrain, sondern als freundliche Spielwiese. Optimisten denken sicher ebenso einseitig wie Pessimisten. Aber sie haben mit ihrer Sichtweise einfach mehr Spaß am Leben.

In unserer Gesellschaft laufen viel zu viele professionelle Pessimisten und Bedenkenträger herum. Pessimisten entscheiden sich bei zwei Übeln für beide. Pessimismus macht auf Dauer krank und verhindert, dass Sie wirklich zum konstruktiven Schöpfer Ihres Lebens werden.

Optimisten wenden sich zukunftsorientiert den positiven Aspekten des Lebens zu. Sie stellen sich geistig den Idealzustand vor und setzen mentale Kräfte und Fantasie ein, um zu erreichen, was sie sich vorstellen. Und so schaffen sie eine positive energetische Signatur für ein schöpferisches Sein.

Mit einer positiven Lebenseinstellung können Sie zusätzliche Kräfte mobilisieren. Optimismus ist nicht blinder, fatalistischer Glaube an das Positive, sondern produktives, schöpferisches Denken. Optimismus lässt Sie an die Chance glauben und bringt Sie dazu, zu handeln. Das ist ganz wichtig, denn nur so können Sie Chancen und Gelegenheiten nutzen.

Wie können Sie positiver werden? Zunächst einmal stellen Sie sich vor, wie Sie sich Ihrem höchsten Wohl öffnen, so als ob Sie eine sprudelnde Quelle entdeckt haben, von der alles Gute zu Ihnen hinfließen kann. Und dann glauben Sie in Ihrem Inneren fest daran, dass Ihnen ein schönes Leben im Überfluss zusteht. Und vor allem: Machen Sie dieses glückliche Leben nicht von irgendwelchen Bedingungen abhängig. Sie müssen sich dieses Leben nicht erst verdienen oder dafür bezahlen. Es entspricht Ihrem natürlichen Geburtsrecht, ein Leben in Glück, Schönheit, Harmonie und Überfluss zu führen. Lassen Sie dies in Ihrem Leben zu. Denn das Zulassen spielt dabei eine wichtige Rolle.

Sie lassen vieles in Ihrem Leben zu. Doch nicht immer ist es das, was Sie sich auch wirklich wünschen. Oft sind es Situationen und Umstände, die Sie weniger schätzen, aber die Sie in Ihr Leben offensichtlich hineingelassen haben. Diese Umstände haben also mit Ihrer Vorstellung von dem zu tun, was Sie glauben zu verdienen.

Andererseits gibt es auch in einigen Bereichen Ihres Lebens Positives, das Sie sich zugestehen. Aber viele Dinge glauben Sie nicht zu verdienen, weil Sie meinen, dafür noch andere Bedingungen erfüllen zu müssen, z.B. „hart zu arbeiten".

Aber das ist ein Irrtum! Sie haben die großartigen Dinge genauso verdient wie die vielen kleinen Annehmlichkeiten, die Sie sich schon jetzt zugestehen, ohne viel darüber nachzudenken.

Sie müssen nichts Besonderes tun, um die besten und wunderbarsten Dinge im Leben „zu verdienen". Sie sind ein wertvoller Mensch und Ihnen steht all das zu, was Sie sich für Ihr Leben erträumen.

Wertschätzen Sie das Positive in Ihrem Leben, und Sie werden noch Besseres für Ihr Leben erhalten. Schauen Sie sich einmal in Ihrem Leben um: Es gibt so viel Positives, das Sie bislang schon zugelassen haben. Und nun erkennen Sie sich selbst dafür an, dass Sie all dies in den verschiedenen Lebensbereichen erreicht haben. Sie ziehen dann immer mehr positive Dinge in Ihr Leben, wenn Sie sie dankbar empfangen und mit offenem Herzen annehmen.

Wenn Sie voller Dankbarkeit sind, brauchen Sie nicht für Ihre Belange zu kämpfen und sich um Ihr Wohl zu bemühen. Sie können es mühelos in Ihr Leben einströmen lassen. Die Freude, die Sie beim dankbaren Empfangen fühlen, fördert Ihre Entwicklung.

Erinnern Sie sich an die positiven Dinge, die in Ihrem Leben schon gut funktionieren. Und nun stellen Sie sich vor, wie alles noch besser laufen könnte. Üben Sie grenzenloses Denken, denn Gedanken erschaffen Ihre Realität. Entwickeln Sie die Vision einer positiven Zukunft, erwarten Sie das Beste – aber lassen Sie feste Vorstellungen los.

Sie müssen ganz bewusst damit aufhören, den Zweifeln immer wieder Nahrung zu geben. Wenn Sie ein Projekt für mühsam und schwierig halten, dann stellen Sie sich in Ihrer Fantasie vor, wie sich alles leicht und mühelos erledigt. Alles, was in Ihrer Vorstellung vorhanden ist, zieht auch die entsprechenden Ereignisse an.

Ihr Leben kann mit der richtigen Einstellung perfekt funktionieren. Sie sollten Krisen und Probleme nicht als notwendigen Teil Ihres Lebens hinnehmen. Lösen Sie sich von allen Sorgen und Belastungen. Lassen Sie sie los und geben Sie ihnen die Erlaubnis, sich aus Ihrem Leben zu entfernen.

Vertrauen Sie darauf, dass alle Ereignisse in Ihrem Leben Ihrem höchsten Wohl dienen, auch wenn Sie manchmal nicht verstehen, warum. Es ist wichtig, nicht zu versuchen, die Dinge unbedingt so haben zu wollen, wie man sie sich vorstellt. Wenn Sie von der festen Vorstellung loslassen, wie etwas sein sollte, kann Ihre Seele etwas Besseres in Ihr Leben bringen.

Seien Sie sich darüber im Klaren, dass stets eine höhere Weisheit am Werk ist, die die Kulissen oft ganz anders schiebt, als Ihr Verstand es geplant hat. Denn Ihr Verstand möchte alles genau vorausplanen, um die gewünschten Resultate zu erzielen.

Wie können Sie noch mehr Positives in Ihr Leben ziehen? Verschenken Sie sich selbst mit all Ihren Fähigkeiten und Möglichkeiten an Ihre Mitmenschen. Dies kann sich überall im Alltag in kleinen Gesten ausdrücken, in einem Lächeln, in einer Hilfestellung, in einer positiven Energie. Geben Sie das an andere Menschen, was Sie selbst empfangen möchten – sei es Liebe, Respekt oder Unterstützung.

Umgekehrt ist wichtig, die positiven Dinge von anderen Menschen offen zu empfangen. Seien Sie dankbar für die Liebe, die Ihnen zuteil wird. Während Sie dankbar alle Geschenke Ihrer Umgebung annehmen, glauben Sie gleichzeitig fest daran, dass Sie noch viel mehr verdient haben.

Sie brauchen keine Schuldgefühle zu haben, wenn Sie alles bekommen, was Sie sich wünschen. Denn Sie nehmen anderen nichts weg, weil jeder Mensch das in seinem Leben bekommt, was er hineinlässt. Es ist ein unbegrenzter Überfluss vorhanden, der nur darauf wartet, von Ihnen in Anspruch genommen zu werden.

Wenn die Umstände einmal anders sind als erwartet, vielleicht nicht so vorteilhaft, dann versuchen Sie diese Umstände so zu akzeptieren, wie sie sind, wenn

Sie sie nicht ändern können. Suchen Sie das Gute und die positiven Möglichkeiten, die sich darin verbergen.

Um den positiven Fluss in Ihrem Leben in Gang zu halten, ist es wichtig, Ihren Glauben an die Vollkommenheit des Lebens immer wieder zu bekräftigen, auch wenn Sie manchmal nicht verstehen, warum Ihnen dies oder jenes widerfährt. Und denken Sie daran: Wenn sich eine Tür schließt, dann öffnet sich wieder eine andere!

Zeigen Sie allen kleinen positiven Dingen und Ereignissen in Ihrem Leben Wertschätzung, dann können Sie auch die größeren Gaben anziehen.

Und je mehr Sie sich diesem tiefen Gefühl der Wertschätzung und des Zulassens öffnen, umso rascher werden Sie in das Leben hineinwachsen, das Sie sich schon immer erträumt haben.

Übungen für mehr Optimismus

1. Setzen Sie sich ruhig hin und lassen Sie Ihren Atem ruhig fließen. Nun stellen Sie sich vor, wie Sie Ihr Herz allem Positiven öffnen und es in Ihr Leben einlassen. Visualisieren Sie etwas, das Ihnen im Augenblick ganz mühelos zufließt. Gehen Sie jetzt in dieses Gefühl hinein und genießen Sie es.

   Nun weiten Sie dieses Gefühl auf Ihre Träume und Wünsche aus, die noch nicht in Erfüllung gegangen sind. Spüren Sie, wie Sie sich neuen Ideen, positiven

Gedanken, einem Mehr an Fülle und Harmonie öffnen.

2. Schreiben Sie alle Träume, die Sie hatten, in allen Einzelheiten auf. Während Sie schreiben, versetzen Sie sich in das Gefühl, das Sie bei der obigen Visualisierungsübung hatten.

   Sie können später diese Liste Ihrer Träume und Wünsche immer wieder ergänzen. Es ist gut, sie gelegentlich hervorzunehmen und zu sehen, was sich von den Träumen und Zielen in der Zwischenzeit vielleicht schon verwirklicht hat.

KAPITEL 12

DIE 11. TUGEND DES GENIUS: WILLENSKRAFT

Sokrates war ein weiser Lehrer. Einmal fragte ihn ein Schüler nach dem Geheimnis des Lebenserfolgs. Dar aufhin ging Sokrates mit dem Schüler zum Fluss. Sie standen am Ufer und Sokrates sagte: „Jetzt gehen wir in den Fluss." Als beide bis zum Hals im Wasser standen, packte Sokrates plötzlich den Schüler und drückte seine Kopf unter Wasser. Der arme Kerl wehrte sich verzweifelt, aber Sokrates ließ nicht locker, über eine lange Zeit. Als er schließlich losließ, prustete und hechelte der junge Mann entsetzt. Sokrates fragte ihn: „Was wolltest du gerade am meisten, als du unter Wasser warst?" – „Klar, Luft!" – „Siehst du", sagte Sokrates, „das ist das Geheimnis des Erfolgs. Wenn du

Erfolg so willst, wie du unter Wasser Luft wolltest,
dann wirst du auch Erfolg haben."

Der Wunsch und das Verlangen müssen stark sein.
Dahinter steht das unbedingte „Das will ich!". Unsere
Willenskraft ist ein mächtiger Motor, eine Art
Machtzentrum, das unglaubliche Kräfte freisetzen
kann. Wenn eine starke Willenskraft sich mit einer
klaren Zielvorstellung und einem absoluten Glauben
paart, ist dies eine wichtige Voraussetzung für die
Wunscherfüllung.

Wie können Sie Ihre Willenskraft stärken? Stellen
Sie sich das, was Sie unbedingt erreichen wollen,
bildhaft in allen Einzelheiten vor. Visualisieren Sie Ihr
Ziel. Dann sollten Sie sich die bestmögliche Unterstützung aus Ihrer Umgebung holen. Versuchen Sie bei
Partnern, bei der Familie und Freunden Hilfe und
Verständnis zu finden. Glauben Sie fest daran, dass Sie
es schaffen. Stellen Sie sich vor, wie Sie das bereits
erreicht haben, was Sie erreichen wollen. Erstellen Sie
sich einen Handlungsplan und formulieren Sie die
einzelnen Schritte schriftlich, wobei Sie sich Termine
setzen sollten.

Überschreiten Sie immer wieder Ihre Grenzen.
Durch ständige Steigerung Ihrer Leistungsfähigkeit
können Sie Ihren Energielevel erhöhen und bekommen
ein Gefühl von „Ich schaffe es".

Gehen Sie jedoch nie mit dem Kopf durch die Wand
und finden Sie immer heraus, was für Sie im Augenblick stimmig ist. Entwickeln Sie eventuell eine neue

Strategie, denn auch ein anderer Weg als ursprünglich eingeschlagen kann zum Ziel führen.

Wenn Sie Ihren Teil getan haben, dann können glückliche Umstände helfen. Sie können wie ein Magnet die richtigen Ereignisse anziehen und dann kann Sie nichts mehr aufhalten.

Gehen Sie mit offenen Augen durch Ihr Leben und halten Sie neugierig wie ein Kind nach den unendlichen Möglichkeiten Ausschau, die sich überall verstecken.

Wenn Sie in einer bestimmten Situation an Ihre Grenzen denken und Ihnen der Gedanke kommt, dass Sie etwas doch nicht schaffen, erweitern Sie in diesem Augenblick Ihr Bewusstsein. Stellen Sie Ihr begrenztes Denken infrage. Sie werden merken, wie Sie anfangen, Dinge zu verstehen und neue Gelegenheiten dort zu entdecken, wo Sie Ihnen früher verborgen waren.

Veränderungen geschehen durch positive Worte und positive Taten. Damit stärken Sie Ihre Willenskraft. Also, schreiben Sie Ihre Vergangenheit neu und ändern Sie Ihre Sichtweise der Dinge. Sprechen Sie innerlich in positiver Weise von der Welt um Sie herum. Und Sie werden sehen, wie in Ihrem Leben wirklich etwas Positives geschieht. Viele große und wunderbare Veränderungen geschehen durch positive Gedanken und dementsprechend positive Taten. Es öffnen sich neue Türen zu neuen Räumen und dort finden Sie wieder neue Türen zu weiteren neuen Räumen. Ein Wort, ein Buch, ein Brief, eine Tat – all dies können Schlüssel sein, die lange verschlossene Türen öffnen.

Wachsamkeit gepaart mit Willenskraft und einer neuen Sichtweise werden Ihre alten, begrenzenden Vorstellungen sprengen. Gehen Sie hinaus und seien Sie entschlossen, Ihr Leben als etwas anderes zu sehen als bisher. Entdecken Sie die Schönheit um Sie herum und füllen Sie Ihr Herz und Ihre Seele mit schönen Gedanken.

Für die Entwicklung von Willenskraft ist auch sehr wichtig, aus einem Gefühl der Selbstachtung heraus zu leben. Oft möchten wir es den Menschen unserer Umgebung recht machen und spüren dabei aber, dass wir unseren eigenen Willen aufgeben. Das ist oft schon eine Gewohnheit geworden, sodass wir nicht selten denken, es gehöre zu uns. In Wirklichkeit ist es konträr zu unserem eigenen Willen und unseren Bedürfnissen. Sie können nie eine starke Willenskraft entwickeln, wenn Sie sich nur den Vorgaben und Maßstäben Ihrer Umgebung entsprechend verhalten.

Ganz wichtig ist, innere Sicherheit zu entwickeln, die Ihnen auch die Willensstärke verleiht. Achten Sie dabei auf Ihre eigenen Gefühle und stellen Sie diese nicht immer wieder infrage. Sie sollten lernen, Ihre Gefühle zu respektieren. Machen Sie andere nicht zur Autorität in Ihrem Leben.

Wenn Sie sich selbst achten, folgen Sie Ihren inneren Werten und Gefühlen. So kommen Sie in einen Fluss, durch den Sie wirklich erfolgreich in Ihrem Leben sein werden.

Tun Sie Dinge, die von Herzen kommen und die Sie und Ihr Leben fördern. Dann wird jede Unternehmung Ihre Willenskraft und Ihr Selbstwertgefühl stärken.

Übungen zur Stärkung der Willenskraft

1. Stellen Sie sich ein Ziel in Ihrem Leben vor, das Sie erreichen wollen. Visualisieren Sie es in allen Einzelheiten.
2. Glauben Sie fest daran, dass Sie es erreichen werden. Stellen Sie sich auch bildhaft vor, wie dies geschieht.

KAPITEL 13

DIE 12. TUGEND DES GENIUS: VERANTWORTUNG

Der kleine Jan kommt zu seiner Mutter und sagt: „Mama, der blöde Fritz hat die Scheibe eingeworfen!" Die Mutter fragt, wie das passieren konnte. Darauf antwortet Jan: „Ich habe ihn mit einem Stein beworfen und er hat sich geduckt!"

Na klar, Jan hat mit der zerbrochenen Scheibe nichts zu tun! Der andere ist schuld. Kennen Sie das? Sind wir nicht alle immer wieder wie der kleine Jan?

Als Kinder durften wir die Verantwortung in vielen Lebensbereichen noch abschieben. Wenn wir erwachsen sind, ist das vorbei.

„Dafür habe ich nicht die Mittel!" – „Mir ist das zu schwer!" – „Die Konjunktur ist schuld daran!" –

„Meine Eltern haben Schuld!" Immer sind die anderen oder die Umstände schuld. Wer so denkt, schiebt die Verantwortung ab. Er hat eine Ausrede dafür, dass er sich nicht ändern muss. Und dann wird sich auch nichts ändern, sondern alles bleibt beim Alten.

Ausreden sind beliebt, einfach – und auch menschlich. Sie helfen uns nämlich, irgendwie noch das Gesicht zu wahren. „Eigentlich hätte ich …" – „Wenn ich die Chancen bekommen hätte, dann …" – „Ich sollte wirklich einmal …" Könnte, hätte, müsste, sollte. Diese Wörter können Ausdruck verpasster Gelegenheiten und Chancen sein.

Das Abschieben von Verantwortung ist beliebt. Aber es ist genau die Haltung, die verhindert, dass Sie zum Schöpfer Ihres Lebens werden, dass Sie den Genius in sich leben. Wenn Sie die Verantwortung abschieben, geben Sie das wichtigste Werkzeug aus der Hand, mit dem Sie Ihr Leben verändern könnten. Ausflüchte sind bequeme Hintertürchen. Aber es gibt auch viele subtile Fallen, wie die Aussage „Das mache ich später, aber nicht jetzt". Wir wissen alle, was das heißt: Man erledigt es wahrscheinlich nie.

Beobachten Sie sich dabei, welche Wörter Sie wählen: Mit einem „Ja, aber" wird auch die Verantwortung abgewälzt. Ein klares Nein wäre oft ehrlicher, erfordert aber Mut und eine direkte Konfrontation.

Wenn Sie Wörter wie „eigentlich" benutzen, schieben Sie auch Verantwortung ab: „Eigentlich sollte ich ja den Job wechseln …" – „Eigentlich würde ich gern umziehen ...". Wenn Sie mit solchen Aussagen durchs Leben gehen, wird sich nichts ändern. Es ist ein reduziertes Leben, in dem Sie nicht der Schöpfer sind.

Schauen Sie sich Ihr Leben an: Alles, was Sie vorfinden, wurde von Ihnen selbst erschaffen. Es fällt Ihnen nicht leicht, dieser Tatsache ins Auge zu sehen, denn Sie müssen dann die Verantwortung für alles übernehmen, was in Ihrem Leben geschieht. Aber es ist auch gleichzeitig der Wendepunkt Ihrer inneren Entwicklung.

Wenn Sie wieder die Verantwortung für den Schöpfungsprozess übernehmen, können Sie mit Ihren Gedanken, Empfindungen, Glaubensvorstellungen, inneren Bildern und Zielen eine seelische Schwingung erzeugen, die die Umstände in Ihrem Leben nach Ihren Vorstellungen gestaltet.

Viele Menschen erkennen noch nicht die Beziehung zwischen Ihren Ideen, Gedanken und Umständen. Der Schöpfungsprozess dauert nämlich eine gewisse Zeit. Daher glauben die meisten Menschen, dass ihre Umwelt, ungünstige Umstände, die Eltern, die Regierung usw. für vieles in ihrem Leben verantwortlich sind.

Suchen Sie nicht nach dem Schuldigen im Außen. Sie sind nicht unkontrollierbaren Kräften ausgeliefert. Im Gegenteil: Sie selbst können zu besseren Bedingungen auch im Leben anderer Menschen beitragen. Lassen Sie es zu einer tiefen und unerschütterlichen Erkenntnis werden, dass Sie sich Ihre eigene Realität erschaffen.

Wenn Zweifel in Ihnen aufsteigen, wie z. B. „Das kann ich nicht erreichen", dann ist wichtig, sofort positive Gedanken dagegenzusetzen, wie z. B. „Ich kann", und dies mit freudigen Emotionen und starken positiven Bildern aufzuladen.

Es ist ganz wichtig, zu erkennen, dass Ihr Wunsch, das Ziel zu erreichen, stärker und intensiver sein sollte als die Angst, es nicht zu erreichen. Jeder Gedanke des Zweifels schwächt die Energie, die Ihnen hilft, eine Schwierigkeit aufzulösen oder ein Ziel zu erreichen. Nehmen Sie einen solchen Gedanken des Zweifels nicht übel, aber richten Sie Ihre mentale Energie sofort in die positive Richtung.

Wenn in Ihnen die Frage aufsteigt, ob es „unter normalen Bedingungen" überhaupt die Möglichkeit gibt, dies oder jenes zu erreichen, machen Sie sich keine Sorgen. Wenn Sie Ihre mentale Energie weiterhin erhöhen, kommen Ihnen zum richtigen Zeitpunkt so genannte „Zufälle" zu Hilfe. Da hat jemand die richtige Idee zur richtigen Zeit, da tritt ein Helfer auf den Plan, der zur Lösung entscheidend beiträgt. Das kann alles geschehen, wenn die Intensität der Gedankenenergie, die Sie einer Aufgabe widmen, entsprechend hoch ist, und dementsprechend schnell wird Ihr Wunsch verwirklicht.

Wenn Sie an die Erfüllung eines Wunsches fest glauben können, sich darauf freuen und sich die Realisierung in farbenfrohen Bildern ausmalen, dann wird sie auch sehr bald eintreten.

Sobald Sie damit beginnen, Ihre Realität durch die Kraft der Gedanken in eine Realität umzugestalten, in der Sie gern leben möchten, werden sich Ihre Lebensumstände allmählich verändern. Berücksichtigen Sie dabei immer, dass ein weiterer wichtiger Schlüssel zu einem besseren Leben durch dieses Wort mit drei Buchstaben ausgedrückt wird: T-U-N. Sie sitzen selbst am Steuer Ihres Lebens: Also, übernehmen Sie die Verantwortung und tun Sie etwas! Ihre Zukunft wird dann von Fülle, Lieben, Lachen und innerem Frieden erfüllt sein.

Übungen für mehr Verantwortung

1. Streichen Sie kontraproduktive Wörter und Sätze aus Ihrem Wortschatz. Vergessen Sie „Eigentlich ..." – „Ja, aber ..." – „Ich sollte ..." – „Ich müsste

   Ersetzen Sie sie durch „Ich packe es an" – „Ich mache es gleich" – „Ich entwickle einen Handlungsplan". Verwandeln Sie ein „Ja, aber ..." in ein „Ja, und ...". Sagen Sie nicht mehr: „Ich würde das gern tun, aber im Moment ..." Sagen Sie stattdessen: „Ja, ich will das tun und folgende Schritte sind dazu nötig."

2. Fragen Sie sich immer: Wenn nicht jetzt, wann dann?

3. Haben Sie den Schlüssel für ein neues Leben voller Verantwortung immer dabei: T-U-N. Packen Sie die

unerledigten Dinge in Ihrem Leben an. Stellen Sie
einen konkreten Aktionsplan auf und setzen Sie die
einzelnen Schritte dann konsequent ohne Ausreden
um.

KAPITEL 14

DIE 13. TUGEND DES GENIUS: GLÜCKSFÄHIGKEIT

Wie habe ich damals den Urlaub am Meer genossen! Am Wochenende werde ich wieder einmal ein schönes Buch genießen! Wenn das Projekt nur gelungen wäre, dann könnte ich den Erfolg genießen! Wenn ich erst einmal in Rente bin, werde ich schöne Reisen genießen!

Kennen Sie diese Sprüche auch? Von anderen und auch von sich selbst? Machen Sie Schluss mit diesen „Wenn, dann"-Vorstellungen! Das Leben in der Vergangenheit ist nur eine Erinnerung und hält Sie davon ab, das Hier und Jetzt frisch und lebendig zu erleben. Sie verhindern mit solchen Projektionen, bei denen Sie Bedingungen an Ihr Glücklichsein knüpfen, dass Sie im

wirklichen Leben mitmischen, dass Sie sich am gegenwärtigen Augenblick erfreuen – ihn eben richtig aus-
kosten, ihn genießen.

Es kommt darauf an, das Leben *jetzt* zu genießen –
nicht irgendwann einmal, oder sich durch verblasste
Erinnerungen zu bestätigen. Damit schneiden Sie sich
vom ursprünglichen Erleben des Augenblicks ab. Sie
machen Ihr Glück von einer äußeren Form abhängig.
Das, was geschieht, wandelt sich ständig.

Wenn Sie Ihr Glück an Bedingungen knüpfen,
entgeht Ihnen die tiefere Vollkommenheit, die dem
Leben selbst innewohnt – eine Vollkommenheit, die
sich jenseits der äußeren Form offenbart.

Die Freude des Augenblicks ist das einzig wahre
Glück, das durch kein äußeres Geschehen zu Ihnen
kommt, durch keine Leistung, keine Ereignisse oder
Personen. Diese Freude kann überhaupt nicht *kom-
men*, denn sie entspringt immer Ihrem Sein, der
Wirklichkeit Ihres Selbst.

Glück auf der Ebene der täglichen Geschehnisse ist
ein sehr vergängliches Gefühl, das sich von einem
Augenblick zum anderen wandeln kann. Ganz unabhängig von äußeren Umständen können Sie jederzeit
glücklich Ihr Leben genießen. Sich wirklich glücklich
zu fühlen ist etwas ganz anderes als glücklich auszuse-
hen, dabei aber die wahren Gefühle zu verbergen.
Wahres Glück ist die Fähigkeit, positive Energie auszu-
strahlen.

Können Sie auch in schwierigen Zeiten Ihres Lebens glücklich sein, wenn Sie Gefühle der Trauer, des Ärgers oder der Angst erleben? Machen Sie sich klar, dass Sie ganz unabhängig von den Umständen Ihres Lebens glücklich sein können. Während Sie Gefühle wie Trauer etc. empfinden, können Sie sich des Glücks unterschwellig bewusst sein. Wenn Sie das nächste Mal eine negative Nachricht hören oder sich mit jemandem streiten, können Sie trotzdem das unterschwellige Glücksgefühl wahrnehmen, das Sie immer durchströmt. Dieses Glücksgefühl ist sehr stark mit dem Fluss Ihres Atems verbunden.

Viele Menschen haben die Tendenz, ihr Glück immer wieder auf spätere Zeiten zu verschieben, wenn bessere Umstände eintreten oder wenn die Welt besser geworden ist. Lassen Sie das Glück gerade in schwierigen Situationen zu. Denn nur so können Sie der Welt zum Besten dienen. Je mehr Glück Sie in Ihr Leben bringen, umso besser ist das für Ihre Umgebung und letztlich für alle Menschen. Überlegen Sie einmal: Wann sind Sie am kreativsten, wann öffnen sich neue Türen, wann finden Sie Lösungen? Dann, wenn Sie entspannt, motiviert und glücklich sind.

Am Anfang Ihrer Entwicklung des inneren Glücks steht die Entscheidung, glücklich sein zu *wollen*. Und dann müssen Sie das Glücklichsein regelrecht üben. Wenn Sie immer wieder trotz aller widrigen Umstände eine positive Energie ausstrahlen, stabilisieren Sie das Glücklichsein in sich. Beginnen Sie genau dort, wo Sie jetzt stehen, und üben Sie immer wieder in Alltagssituationen.

Sie haben die Wahl, sich in Ihrem Bewusstsein auszudehnen oder zusammenzuziehen. Wenn Sie sich ausweiten, dann strahlen Sie positive Energie aus. Negative Gemütszustände wie Angst und Sorge ziehen Sie zusammen. Es ist eine große Herausforderung, gerade in schwierigen Zeiten das Glücklichsein zu üben, denn dann ist es immer sehr leicht, rationale Gründe für das Unglücklichsein zu finden. Schulen Sie sich jetzt um: Versuchen Sie gerade in schwierigen Zeiten Gründe fürs Glücklichsein zu finden: Seien Sie einfach unvernünftig glücklich!

Wie schaffen Sie es, sich angesichts von Schwierigkeiten in der Arbeit oder zu Hause auszudehnen und positiv gestimmt zu bleiben? Sie sollten sich immer wieder daran erinnern, dass Sie sich in jedem Augenblick entscheiden, wie Sie die Dinge sehen wollen: Sehen Sie das Glas als halb leer oder als halb voll an?

Und immer wieder können Sie erkennen, dass alles in Ihrem Leben positive und negative Seiten hat. Wenn Sie Ihre Aufmerksamkeit mehr auf die positiven Seiten richten, dehnen Sie sich gleichzeitig aus. Und Sie können sich immer wieder ausdehnen, bis Sie erkennen, dass Sie in ein großes Universum voller herrlicher Schönheiten und Wunder eingebettet sind.

Übungen für mehr Glücksfähigkeit

1. Genießen Sie Ihr Leben! Genießen Sie sofort, was
   immer Sie können und wann immer Sie können. Für
   Genuss müssen Sie sich aktiv entscheiden.

2. Schließen Sie die Augen, atmen Sie sanft und
   regelmäßig und erinnern Sie sich an ein Ereignis,
   das Sie emotional belastet hat. Stellen Sie es sich
   möglichst bildhaft vor.

   Nun dehnen Sie sich innerlich aus. Denken Sie an
   die Dinge in Ihrem Leben, für die Sie dankbar sind,
   an denen Sie sich erfreuen. Konzentrieren Sie sich
   auf diese positiven Gedanken und spüren Sie, wie
   sich Ihre Stimmung verändert – je nachdem, worauf
   Sie Ihre Aufmerksamkeit lenken.

Im Buchhandel und Internet finden Sie stets brand-
aktuelle Themen, sowie zeitlose Wissensschätze von
Kurt Tepperwein!

Folgende Bücher und E-Books können Sie direkt über den BoD-Verlag
(www.bod.de/www.bod.ch) detailliert einsehen, bevor Sie sich für Ihr
Wunschthema entscheiden:

- **Ab heute bin ich frei!**
- **Bäume ausreißen! – Trainingsheft für mehr Motivation**
- **Berufskrise ade! – Frei sein von Arbeitssucht, Stress, Burn-
  out, Mobbing, Innerer Kündigung und Arbeitslosigkeit
  Bewusstseinssprung in eine neue Dimension**
- **Blinddate mit Magen und Darm**
- **Bring Farbe in dein Leben mit Dankbarkeit**
- **Bring Farbe in dein Leben mit einem einfachen Lächeln**
- **Bring Farbe in dein Leben mit Heiterkeit**
- **Bring Farbe in dein Leben mit Herzensfülle**
- **Bring Farbe in dein Leben mit Hingabe pur**
- **Bring Farbe in dein Leben mit Liebesweisheit**
- **Bring Farbe in dein Leben mit Seelenkraft**
- **Bring Farbe in dein Leben mit Stille in dir**
- **Bring Farbe in dein Leben mit Wertschätzung**
- **Bring Farbe in dein Leben mit Zeitlosigkeit**
- **Das Buch der Erfolgsgesetze**
- **Die hohe Schule des Lebens**
- **Die Kunst mühelosen Lernens**
- **Die Praxis der geistigen Gesetze**
- **Die Renaissance der Frauenpower – 7 Schritte zur Liebesfähigkeit**
- **Du bist wie du bist!**
- **Ein Leben ohne Ängste und Sorgen? – Trainingsheft für mehr
  Lebensqualität**
- **Einfach nur schön**
- **Endlich wieder FIT! – Trainingsheft zur Gesunderhaltung**
- **Erwachen zum wahren Sein**
- **Folge deinem Leitstern**
- **Frau sein – ganz sein, Mentaltraining für eine neue Weiblichkeit**
- **Geistheilung durch sich selbst**
- **Gelassenheit**
- **Gelebte Achtsamkeit**

- Gestalte dein Leben einfach neu! – Energetischer Impulsgeber zum Thema Alltagsführung
- Gesund für immer
- Glaube an Dich!
- Glücks-Gesetze
- GoldenWay Edition: Das Leben als Einweihungsweg
- GoldenWay Edition: Ihr Zauberstab Gedankenkraft
- Hilf dir selbst. Sei du selbst. Gesunde!
- Kausal-Training
- Leben im Überfluss, Die Zukunft selbst bestimmen
- Leben in der Gegenwart der Engel
- Liebst du mich auch? Energetischer Impulsgeber zum Thema Partnerschaft
- Nie mehr ärgern, bewusster leben
- Nie oder Jetzt! Aufbruch zur wahren Identität
- Out-Burn, Burn-out umkehren. Der Ausweg aus der Erschöpfungsfalle.
- Perlen der Weisheit
- Probleme adieu! Trainingsheft zur Konfliktbesänftigung
- Schreib Dein Leben um
- Selbstbewusst durchs Leben! – Energetischer Impulsgeber zum Selbstwert und Sicherheit
- Selbstheilungskräfte aktivieren
- Sinnfindung leicht gemacht! – Energetischer Impulsgeber zum Thema Bewusstwerdung
- Tepperwein Magazin der neuen Generation
- Tepperwein Magazin der neuen Generation 2
- Tepperwein Magazin: Wünsche & Träume mit Mental-Training verwirklichen
- Von der Angst zur Lebensfreude
- Wahre Freundschaft: Tierisch echt!
- Was wünscht du dir vom Leben?
- WEIH-NACHTEN
- Willkommen in der Leichtigkeit
- Willst du erfolgreich sein? – Leitfaden zu Reichtum und Erfolg
- Wunder vollbringen durch schöpferische Imagination
- Zeit halt, stehengeblieben! – Trainingsheft für ein gutes Zeitmanagement